DESCUBRE 1B

Lengua y cultura del mundo hispánico

Cuaderno de práctica y actividades comunicativas

VISTA®
HIGHER LEARNING

Student Text ISBN: 978-1-68004-587-1

4 5 6 7 8 9 PP 21 20 19

Table of Contents

contextos

1   **Viajes**   Complete these sentences with the logical words.

1. Una persona que tiene una habitación en un hotel es _____.

2. El lugar donde los pasajeros esperan el tren es _____.

3. Para viajar en avión, tienes que ir _____.

4. Antes de entrar (*enter*) en el avión, tienes que mostrar _____.

5. La persona que trabaja en la recepción del hotel es _____.

6. Para planear (*plan*) tus vacaciones, puedes ir a _____.

7. El/la agente de viajes puede confirmar _____.

8. Para subir a tu habitación, tomas _____.

9. Para abrir la puerta de la habitación, necesitas _____.

10. Cuando una persona entra a otro país, tiene que mostrar _____.

2   **De vacaciones**   Complete this conversation with the logical words.

aeropuerto	equipaje	llegada	playa
agente de viajes	habitación	pasajes	sacar fotos
cama	hotel	pasaportes	salida
confirmar	llave	pasear	taxi

ANTONIO ¿Llevas todo (*everything*) lo que vamos a necesitar para el viaje, Ana?

ANA Sí. Llevo los (1)_____ de avión. También llevo

los (2)_____ para entrar (*enter*) a Costa Rica.

ANTONIO Y yo tengo el (3)_____ con todas (*all*) nuestras cosas.

ANA ¿Tienes la cámara para (4)_____?

ANTONIO Sí, está en mi mochila.

ANA ¿Vamos al (5)_____ en metro?

ANTONIO No, vamos a llamar un (6)_____. Nos lleva directamente al aeropuerto.

ANA Voy a llamar al aeropuerto para (7)_____ la reservación.

ANTONIO La (8)_____ dice que está confirmada ya (*already*).

ANA Muy bien. Tengo muchas ganas de (9)_____ por Puntarenas.

ANTONIO Yo también. Quiero ir a la (10)_____ y nadar en el mar.

ANA ¿Cuál es la hora de (11)_____ al aeropuerto de San José?

ANTONIO Llegamos a las tres de la tarde y vamos directamente al (12)_____.

Lección 5 Contextos Activities

3 **Los meses** Write the appropriate month next to each description or event.

1. el Día de San Valentín _____

2. el tercer mes del año _____

3. el Día de Fin (*End*) de Año _____

4. el Día de las Madres _____

5. el séptimo mes del año _____

6. el Día de Año Nuevo (*New*) _____

4 **Las estaciones** Answer these questions using complete sentences.

1. ¿Qué estación sigue al invierno? _____

2. ¿En qué estación va mucha gente a la playa? _____

3. ¿En qué estación empiezan las clases? _____

5 **El tiempo** Answer these questions with complete sentences based on the weather map.

EL TIEMPO ESPAÑA HOY

☀ Soleado
🌦 Variable
☁ Nublado
🌧 Llueve
⛈ Tormenta
≋ Viento
❋ Nieva

1. ¿Hace buen tiempo en Soria? _____

2. ¿Llueve en Teruel? _____

3. ¿Hace sol en Girona? _____

4. ¿Está nublado en Murcia? _____

5. ¿Nieva en Cáceres? _____

6. ¿Qué tiempo hace en Salamanca? _____

7. ¿Hace viento cerca de Castellón? _____

8. ¿Qué tiempo hace en Almería? _____

9. ¿Está nublado en Las Palmas? _____

10. ¿Hace buen tiempo en Lleida? _____

Lección 5

2 | **Lección 5 Contextos** Activities

Nombre _____ Fecha _____

contextos

1 **Identificar** You will hear a series of words. Write the word that does not belong in each series.

1. _____   5. _____

2. _____   6. _____

3. _____   7. _____

4. _____   8. _____

2 **Describir** For each drawing, you will hear two statements. Choose the one that corresponds to the drawing.

1. a.   b.   2. a.   b.   3. a.   b.

3 **En la agencia de viajes** Listen to this conversation between Mr. Vega and a travel agent. Then read the statements and decide whether they are **cierto** or **falso**.

	Cierto	Falso
1. El señor Vega quiere esquiar, pescar y bucear.	○	○
2. El señor Vega va a Puerto Rico.	○	○
3. El señor Vega quiere ir de vacaciones la primera semana de mayo.	○	○
4. Una habitación en Las Tres Palmas cuesta (costs) $85.	○	○
5. El hotel tiene restaurante, piscina y *jacuzzi*.	○	○

4 **Escoger** Listen to each statement and choose the most appropriate activity for that weather condition.

1. a. Vamos a ir a la piscina.   b. Vamos a poner la televisión.

2. a. Voy a escribir una carta.   b. Voy a bucear.

3. a. Vamos al museo.   b. Vamos a tomar el sol.

4. a. Mañana voy a pasear en bicicleta.   b. Mañana voy a esquiar.

5. a. Queremos ir al cine.   b. Queremos nadar.

6. a. Voy a correr en el parque.   b. Voy a leer un libro.

7. a. Quiero escuchar música.   b. Quiero jugar al golf.

contextos

Comunicación

13 **Encuesta** (student text p. 157) How does the weather affect what you do? Walk around the class and ask your classmates what they prefer or like to do in the weather conditions given. Note their responses on your worksheet. Make sure to personalize your survey by adding a few original questions to the list. Be prepared to report your findings to the class.

Tiempo	Actividades	Actividades
1. Hace mucho calor.		
2. Nieva.		
3. Hace buen tiempo.		
4. Hace fresco.		
5. Llueve.		
6. Está nublado.		
7. Hace mucho frío.		
8.		
9.		
10.		

Nombre _____ Fecha _____

contextos

Estudiante 1

16 **Un viaje** (student text p. 157) You are planning a trip to Mexico and have many questions about your itinerary on which your partner, a travel agent, will advise you. You and your partner each have a handout with different instructions for acting out the roles.

Cliente/a

You have an appointment to meet with your travel agent to discuss your upcoming vacation to Mexico. You want to arrive on Monday, March 6, and return on Saturday, March 11. Your ideal destination offers a wide range of daytime and nighttime activities, a warm and sunny climate, and nice beaches. Look at the map and ask your travel agent questions to find out about places that interest you.

> ### Vocabulario útil
>
> ¿Qué tiempo hace en…?
> Mis preferencias son…
> Mis actividades favoritas son…
> Las fechas del viaje son…

Lección 5 Communication Activities **5**

contextos

Estudiante 2

16 **Un viaje** (student text p. 157) Your partner is planning a trip to Mexico and has many questions about the itinerary on which you, a travel agent, will advise him or her. You and your partner each have a handout with different instructions for acting out the roles.

Agente

You are a travel agent who is meeting with a client about his or her upcoming vacation to Mexico. Look at the map in order to answer your client's questions about the weather and activities at places he or she might want to visit. After your client has made his or her decisions, record his or her vacation plans and other pertinent information on your office form.

VIAJES PARAÍSO

Nombre y apellidos _____

Teléfono _____

Viaja a _____

Fechas del _____ al _____

Viajan _____ personas

Actividades _____

_____

¡Vamos a la playa!   Lección 5

Antes de ver el video

1 **¿Qué hacen?** The six friends have just arrived at the beach. Based on the image, what do you think Maru and Jimena are doing? What do you think they will do next?

_____
_____
_____
_____
_____
_____
_____

Mientras ves el video

2 **¿Quién?** Watch the episode and write the name of the person that goes with each expression.

Expresión	Nombre
1. En Yucatán hace mucho calor.	_____
2. ¿Están listos para su viaje a la playa?	_____
3. No podemos perder el autobús.	_____
4. Bienvenidas. ¿En qué puedo servirles?	_____
5. No está nada mal el hotel, ¿verdad? Limpio, cómodo...	_____

3 **¿Qué ves?** Check what is shown.

____ 1. un inspector de aduanas   ____ 5. unas maletas   ____ 9. la planta baja del hotel

____ 2. el mar   ____ 6. una pelota   ____ 10. unas llaves

____ 3. un aeropuerto   ____ 7. una agencia de viajes   ____ 11. un libro

____ 4. un botones   ____ 8. el campo   ____ 12. personas en la playa

4 **Completar** Fill in the blanks.

1. **TÍA ANA MARÍA**   Excelente, entonces... ¡A la estación _____!

2. **MARU**   Tenemos una _____ para seis personas para esta noche.

3. **EMPLEADO**   Dos _____ en el primer piso para seis huéspedes.

4. **MIGUEL**   Ellos son mis amigos. Ellos sí son _____ conmigo.

5. **MARISSA**   Yo estoy un poco _____. ¿Y tú? ¿Por qué no estás nadando?

Lección 5 Fotonovela Video Activities   **7**

Lección 5

Video Activities Fotonovela

Después de ver el video

5 **¿Cierto o falso?** Say whether each statement is **cierto** or **falso**. Correct the false statements.

1. Miguel está enojado con Felipe.

_____

2. Felipe y Marissa hablan con un empleado del hotel.

_____

3. Los ascensores del hotel están a la izquierda.

_____

4. Maru y su novio quieren hacer windsurf, pero no tienen tablas.

_____

5. Felipe dice que el hotel es feo y desagradable.

_____

6. Jimena dice que estudiar en la playa es muy divertido.

_____

6 **Resumir** Write a summary of this episode in Spanish. Try not to leave out any important information.

_____

_____

_____

_____

_____

_____

_____

7 **Preguntas** Answer these questions in Spanish.

1. ¿Te gusta ir de vacaciones? ¿Por qué? _____

_____

_____

2. ¿Adónde te gusta ir de vacaciones? ¿Por qué? _____

_____

_____

3. ¿Con quién(es) vas de vacaciones? _____

_____

_____

pronunciación

Lección 5

Spanish b and v

There is no difference in pronunciation between the Spanish letters **b** and **v**. However, each letter can be pronounced two different ways, depending on which letters appear next to them.

| **b**ueno | **v**ólei**b**ol | **b**i**b**lioteca | **v**i**v**ir |

B and **v** are pronounced like the English hard **b** when they appear either as the first letter of a word, at the beginning of a phrase, or after **m** or **n**.

| **b**onito | **v**iajar | tam**b**ién | in**v**estigar |

In all other positions, **b** and **v** have a softer pronunciation, which has no equivalent in English. Unlike the hard **b**, which is produced by tightly closing the lips and stopping the flow of air, the soft **b** is produced by keeping the lips slightly open.

| de**b**er | no**v**io | a**b**ril | cer**v**eza |

In both pronunciations, there is no difference in sound between **b** and **v**. The English **v** sound, produced by friction between the upper teeth and lower lip, does not exist in Spanish. Instead, the soft **b** comes from friction between the two lips.

| **b**ola | **v**ela | Cari**b**e | decli**v**e |

When **b** or **v** begins a word, its pronunciation depends on the previous word. At the beginning of a phrase or after a word that ends in **m** or **n**, it is pronounced as a hard **b**.

Verónica y su esposo cantan ‿**b**oleros.

Words that begin with **b** or **v** are pronounced with a soft **b** if they appear immediately after a word that ends in a vowel or any consonant other than **m** or **n**.

Benito es de ‿**B**oquerón, pero ‿**v**ive en ‿**V**ictoria.

---

1 **Práctica** Repeat these words after the speaker to practice the **b** and the **v**.

1. hablamos	4. van	7. doble	10. nublado
2. trabajar	5. contabilidad	8. novia	11. llave
3. botones	6. bien	9. béisbol	12. invierno

---

2 **Oraciones** When you hear the number, read the corresponding sentence aloud, focusing on the **b** and **v** sounds. Then listen to the speaker and repeat the sentence.

1. Vamos a Guaynabo en autobús.
2. Voy de vacaciones a la Isla Culebra.
3. Tengo una habitación individual en el octavo piso.
4. Víctor y Eva van por avión al Caribe.
5. La planta baja es bonita también.
6. ¿Qué vamos a ver en Bayamón?
7. Beatriz, la novia de Víctor, es de Arecibo, Puerto Rico.

---

3 **Refranes** Repeat each saying after the speaker to practice the **b** and the **v**.

1. No hay mal que por bien no venga.
2. Hombre prevenido vale por dos.

---

4 **Dictado** You will hear four sentences. Each will be said twice. Listen carefully and write what you hear.

1. _____
2. _____
3. _____
4. _____

---

estructura

5.1 Estar with conditions and emotions

1 **¿Por qué?** Choose the best phrase to complete each sentence.

1. José Miguel está cansado porque...
   a. trabaja mucho.
   b. su familia lo quiere.
   c. quiere ir al cine.

2. Los viajeros están preocupados porque...
   a. es la hora de comer.
   b. va a pasar un huracán (*hurricane*).
   c. estudian matemáticas.

3. Maribel y Claudia están tristes porque...
   a. nieva mucho y no pueden salir.
   b. van a salir a bailar.
   c. sus amigos son simpáticos.

4. Los estudiantes están equivocados porque...
   a. estudian mucho.
   b. pasean en bicicleta.
   c. su respuesta es incorrecta.

5. Laura está enamorada porque...
   a. tiene que ir a la biblioteca.
   b. su novio es simpático, inteligente y guapo.
   c. sus amigas ven una película.

6. Mis abuelos están felices porque...
   a. vamos a pasar el verano con ellos.
   b. mucha gente toma el sol.
   c. el autobús no llega.

2 **Completar** Complete these sentences with the correct forms of **estar** and the conditions or emotions from the list.

abierto	cerrado	desordenado	sucio
aburrido	cómodo	equivocado	triste
cansado	contento	feliz	

1. No tenemos nada que hacer; _____ muy _____.

2. Humberto _____ muy _____ en su cama nueva (*new*).

3. Los estudiantes no _____ _____; ellos tienen razón.

4. Cuando Estela llega a casa a las diez de la noche, _____ muy _____.

5. La habitación _____ _____ porque no tengo tiempo (*time*) de organizar los libros y papeles.

6. Son las once de la noche; no puedo ir a la biblioteca ahora porque _____ _____.

7. El auto de mi tío _____ muy _____ por la nieve y el lodo (*mud*) de esta semana.

8. Mi papá canta en la casa cuando _____ _____.

9. Alberto _____ _____ porque sus amigos están muy lejos.

10. Las ventanas _____ _____ porque hace calor.

3 **Marta y Juan** Complete this letter using **estar** and the correct forms of the emotions and conditions. Do not use terms more than once.

abierto	cómodo	enamorado	nervioso
aburrido	confundido	enojado	ocupado
avergonzado	contento	equivocado	seguro
cansado	desordenado	feliz	triste

Querida Marta:

¿Cómo estás? Yo (1)_____ porque mañana vuelvo a Puerto Rico y te voy a ver. Sé (I know) que tú (2)_____ porque tenemos que estar separados durante el semestre, pero (3)_____ de que (that) te van a aceptar en la universidad y que vas a venir en septiembre. La habitación en la residencia estudiantil no es grande, pero mi compañero de cuarto y yo (4)_____ aquí. Las ventanas son grandes y (5)_____ porque el tiempo es muy bueno en California. El cuarto no (6)_____ porque mi compañero de cuarto es muy ordenado. En la semana mis amigos y yo (7)_____ porque trabajamos y estudiamos muchas horas al día. Cuando llego a la residencia estudiantil por la noche, (8)_____ y me voy a dormir. Los fines de semana no (9)_____ porque hay muchas cosas que hacer en San Diego. Ahora (10)_____ porque mañana tengo que llegar al aeropuerto a las cinco de la mañana y está lejos de la universidad. Pero tengo ganas de estar contigo porque (11)_____ de ti (you) y (12)_____ porque te voy a ver mañana.

Te quiero mucho,

Juan

4 **¿Cómo están?** Read each sentence, then write a new one for each, using **estar** and an emotion or condition to tell how these people are doing or feeling.

> **modelo**
> Pepe tiene que estudiar muchas horas.
> *Pepe está ocupado.*

1. Vicente y Mónica tienen sueño. _____

2. No tenemos razón. _____

3. El pasajero tiene miedo. _____

4. A Paloma le gusta un chico de clase. _____

5. Los abuelos de Irene van de vacaciones a Puerto Rico. _____

6. No sé si (I don't know if) el examen va a ser fácil o difícil. _____

estructura

5.1 Estar with conditions and emotions

1 **Describir** For each drawing, you will hear two statements. Choose the one that corresponds to the drawing.

1. a. _____ b. _____   2. a. _____ b. _____

3. a. _____ b. _____   4. a. _____ b. _____

2 **Cambiar** Form a new sentence using the cue you hear as the subject. Repeat the correct answer after the speaker. (*8 items*)

> **modelo**
> Rubén está enojado con Patricia. (mamá)
> Mamá *está enojada con Patricia.*

3 **Preguntas** Answer each question you hear using the cues. Repeat the correct response after the speaker.

> **modelo**
> *You hear:* ¿Está triste Tomás?
> *You see:* no / contento/a
> *You say:* No, Tomás *está contento.*

1. no / abierto/a   3. su hermano   5. no / sucio/a
2. sí, (nosotros)   4. no / ordenado/a   6. estar de vacaciones, (yo)

4 **Situaciones** You will hear four brief conversations. Choose the statement that expresses how the people feel in each situation.

1. a. Ricardo está nervioso.   b. Ricardo está cansado.
2. a. La señora Fuentes está contenta.   b. La señora Fuentes está preocupada.
3. a. Eugenio está aburrido.   b. Eugenio está avergonzado.
4. a. Rosario y Alonso están equivocados. b. Rosario y Alonso están enojados.

5.2 The present progressive

1 **Completar** Complete these sentences with the correct form of **estar** and the present participle of the verbs in parentheses.

1. Ana _____ (buscar) pasajes de avión para Chile.

2. Vamos a ver a mis primos que _____ (comer) en el café de la esquina.

3. (Yo) _____ (empezar) a entender muy bien el español.

4. Miguel y Elena _____ (vivir) en un apartamento en la playa.

5. El padre de Antonio _____ (trabajar) en la oficina hoy.

6. (Tú) _____ (jugar) al *Monopolio* con tu prima y su amiga.

7. Las familias _____ (tener) muchos problemas con los hijos adolescentes.

8. El inspector de aduanas _____ (abrir) las maletas de Ramón.

9. (Nosotros) _____ (pensar) en ir de vacaciones a Costa Rica.

10. Mi compañera de clase _____ (estudiar) en la biblioteca esta tarde.

2 **Están haciendo muchas cosas** Look at the illustration and label what each person is doing. Use the present progressive.

1. El señor Rodríguez _____

_____.

2. Pepe y Martita _____

_____.

3. Paquito _____

_____.

4. Kim _____

_____.

5. Tus abuelos _____

_____.

6. (Yo) _____

_____.

7. La madre de David _____

_____.

8. (Tú) _____

_____.

5.2 The present progressive

1 **Escoger** Listen to what these people are doing. Then read the statements and choose the appropriate description.

1. a. Es profesor.   b. Es estudiante.

2. a. Es botones.   b. Es inspector de aduanas.

3. a. Eres artista.   b. Eres huésped.

4. a. Son jugadoras de fútbol.   b. Son programadoras.

5. a. Es ingeniero.   b. Es botones.

6. a. Somos turistas.   b. Somos empleados.

2 **Transformar** Change each sentence from the present tense to the present progressive. Repeat the correct answer after the speaker. (6 *items*)

> *modelo*
> Adriana confirma su reservación.
> Adriana *está confirmando su reservación.*

3 **Preguntas** Answer each question you hear using the cue and the present progressive. Repeat the correct response after the speaker.

> *modelo*
> *You hear:* ¿Qué hacen ellos?
> *You see:* jugar a las cartas
> *You say:* Ellos *están jugando a las cartas.*

1. hacer las maletas   3. dormir   5. hablar con el botones
2. pescar en el mar   4. correr en el parque   6. comer en el café

4 **Describir** You will hear some questions. Look at the drawing and respond to each question. Repeat the correct answer after the speaker. (6 *items*)

estructura 5.2

Estudiante 1

7 **¿Qué están haciendo?** (student text p. 169) A group of classmates is traveling to San Juan, Puerto Rico for a week-long Spanish immersion program. In order for the participants to be on time for their flight, you and your partner must locate them. You and your partner each have different handouts that will help you do this.

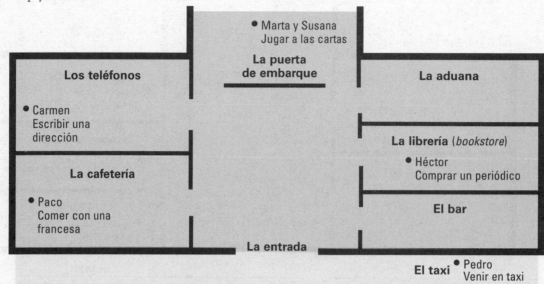

	¿Dónde está(n)?	¿Qué está(n) haciendo?
1.	Alicia	
2.	Azucena	
3.	Carmen	
4.	Felipe	
5.	Héctor	
6.	Mario y José	
7.	Marta y Susana	
8.	Paco	
9.	Pedro	
10.	Roberto	

Lección 5

Communication Activities

estructura 5.2

Estudiante 2

7 ¿Qué están haciendo? (student text p. 169) A group of classmates is traveling to San Juan, Puerto Rico for a week-long Spanish immersion program. In order for the participants to be on time for their flight, you and your partner must locate them. You and your partner each have different handouts that will help you do this.

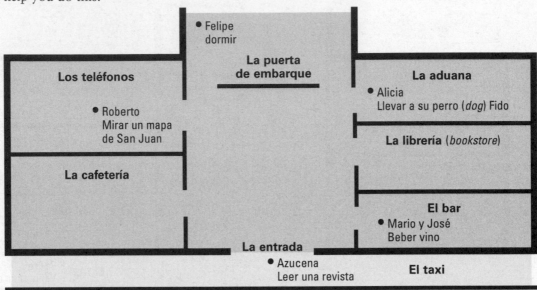

¿Dónde está(n)?	¿Qué está(n) haciendo?
1. Alicia	
2. Azucena	
3. Carmen	
4. Felipe	
5. Héctor	
6. Mario y José	
7. Marta y Susana	
8. Paco	
9. Pedro	
10. Roberto	

5.3 Ser and estar

1 **Usos de *ser* y *estar*** Complete these sentences with **ser** and **estar**. Then write the letter that corresponds to the correct use of the verb in the blank at the end of each sentence.

Uses of *ser*	Uses of *estar*
a. Nationality and place of origin	i. Location or spatial relationships
b. Profession or occupation	j. Health
c. Characteristics of people and things	k. Physical states or conditions
d. Generalizations	l. Emotional states
e. Possession	m. Certain weather expressions
f. What something is made of	n. Ongoing actions (progressive tenses)
g. Time and date	
h. Where an event takes place	

1. El concierto de jazz _____ a las ocho de la noche. _____

2. Inés y Pancho _____ preocupados porque el examen va a ser difícil. _____

3. La playa _____ sucia porque hay muchos turistas. _____

4. No puedo salir a tomar el sol porque _____ nublado. _____

5. En el verano, Tito _____ empleado del hotel Brisas de Loíza. _____

6. Rita no puede venir a clase hoy porque _____ enferma. _____

7. La bicicleta nueva _____ de David. _____

8. (Yo) _____ estudiando en la biblioteca porque tengo un examen mañana. _____

9. La piscina del hotel _____ grande y bonita. _____

10. _____ importante estudiar, pero también tienes que descansar. _____

2 **¿*Ser* o *estar*?** In each of the following pairs, complete one sentence with the correct form of **ser** and the other with the correct form of **estar**.

1. Irene todavía no _____ lista para salir.

   Ricardo _____ el chico más listo de la clase.

2. Tomás no es un buen amigo porque _____ muy aburrido.

   Quiero ir al cine porque _____ muy aburrida.

3. Mi mamá está en cama porque _____ mala del estómago (*stomach*).

   El restaurante que está cerca del laboratorio _____ muy malo.

4. La mochila de Javier _____ verde (*green*).

   No me gustan las bananas cuando _____ verdes.

5. Elena _____ más rubia por tomar el sol.

   La hija de mi profesor _____ rubia.

6. Gabriela _____ muy delgada porque está enferma (*sick*).

   Mi hermano _____ muy delgado.

3 **En el hotel** Describe the Hotel San Juan using these cues and either **ser** or **estar** as appropriate.

1. la habitación / limpio y ordenado

2. el restaurante del hotel / excelente

3. la puerta del ascensor / abierta

4. los otros huéspedes / franceses

5. (yo) / cansada de viajar

6. Paula y yo / buscando al botones

7. la empleada / muy simpática

8. el botones / ocupado

9. ustedes / en la ciudad de San Juan

10. (tú) / José Javier Fernández

4 **La familia Piñero** Complete this paragraph with the correct forms of **ser** and **estar**.

Los Piñero (1)_____ de Nueva York, pero (2)_____ de vacaciones en Puerto Rico. (3)_____ en un hotel grande en el pueblo de Dorado. Los padres (4)_____ Elena y Manuel, y ahora (5)_____ comiendo en el restaurante del hotel. Los hijos (6)_____ Cristina y Luis, y (7)_____ nadando en la piscina. Ahora mismo (8)_____ lloviendo, pero el sol va a salir muy pronto (*soon*). Hoy (9)_____ lunes y la familia (10)_____ muy contenta porque puede descansar. El señor Piñero (11)_____ profesor y la señora Piñero (12)_____ doctora. Los Piñero dicen: "¡Cuando no (13)_____ de vacaciones, (14)_____ todo el tiempo muy ocupados!".

5.3 Ser and estar

1 **Escoger** You will hear some questions with a beep in place of the verb. Decide which form of **ser** or **estar** should complete each question and circle it.

> **modelo**
>
> *You hear:* ¿Cómo (*beep*)?
> *You circle:* **estás** because the question is **¿Cómo estás?**

1. es   está   4. Es   Está
2. Son   Están   5. Es   Está
3. Es   Está   6. Es   Está

2 **¿Cómo es?** You just met Rosa Beltrán at a party. Describe her to a friend by using **ser** or **estar** with the cues you hear. Repeat the correct response after the speaker. (*6 items*)

> **modelo**
>
> muy amable
> Rosa *es* muy amable.

3 **¿Ser o estar?** You will hear the subject of a sentence. Complete the sentence using a form of **ser** or **estar** and the cue. Repeat the correct response after the speaker.

> **modelo**
>
> *You hear:* Papá
> *You see:* en San Juan
> *You say:* Papá *está en San Juan.*

1. inspector de aduanas   3. a las diez   5. el 14 de febrero
2. la estación del tren   4. ocupados   6. corriendo a clase

4 **¿Lógico o no?** You will hear some statements. Decide if they are **lógico** or **ilógico**.

1. Lógico   Ilógico   4. Lógico   Ilógico
2. Lógico   Ilógico   5. Lógico   Ilógico
3. Lógico   Ilógico   6. Lógico   Ilógico

5 **Ponce** Listen to Carolina's description of her vacation and answer the questions.

1. ¿Dónde está Ponce?

_____

2. ¿Qué tiempo está haciendo?

_____

3. ¿Qué es el Parque de Bombas?

_____

4. ¿Que día es hoy?

_____

5. ¿Por qué no va Carolina al Parque de Bombas hoy?

_____

Leccíon 5

Audio Activities

5.4 Direct object nouns and pronouns

1 **Monólogo de un viajero** Complete this monologue with the correct direct object pronouns.

Hoy es lunes. El sábado voy de viaje. Tengo cinco días, ¿no? Sí, (1)_____ tengo. Tengo que conseguir un pasaje de ida y vuelta. ¡Imprescindible! Mi hermano trabaja en una agencia de viajes; él me (2)_____ consigue fácilmente. Tengo que buscar un buen mapa de la ciudad. En Internet (3)_____ puedo encontrar. Y en la biblioteca puedo encontrar libros sobre el país; libros sobre su historia, su arquitectura, su geografía, su gente... (4)_____ voy a leer en el avión. También quiero comprar una mochila nueva, pero (5)_____ quiero muy grande. ¿Y dónde está mi vieja cámara de fotos? (6)_____ tengo que buscar esta noche. Voy a tomar muchas fotos; mi familia (7)_____ quiere ver. Y... ¿cuándo voy a hacer las maletas? (8)_____ tengo que hacer el miércoles. Y eso es todo, ¿verdad? No, no es todo. Necesito encontrar un compañero o una compañera de viaje, pero hay un pequeño problema: ¿dónde (9)_____ encuentro o (10)_____ encuentro?

Síntesis

On another sheet of paper, describe the room and the people in the illustration. Use complete sentences. Explain what the people are doing and feeling, and why. Then choose one of the groups of people and write a conversation that they could be having. They should discuss a vacation that they are planning, the arrangements they are making for it, and the things that they will need to take.

5.4 Direct object nouns and pronouns

1 **Escoger** Listen to each question and choose the most logical response.

1. a. Sí, voy a comprarlo.
   b. No, no voy a comprarla.

2. a. Joaquín lo tiene.
   b. Joaquín la tiene.

3. a. Sí, los puedo llevar.
   b. No, no te puedo llevar.

4. a. Irene los tiene.
   b. Irene las tiene.

5. a. Sí, te llevamos al partido.
   b. Sí, nos llevas al partido.

6. a. No, vamos a hacerlo mañana.
   b. No, vamos a hacerla mañana.

7. a. Va a conseguirlos mañana.
   b. Va a conseguirlas mañana.

8. a. Pienso visitarla el fin de semana.
   b. Pienso visitarte el fin de semana.

2 **Cambiar** Restate each sentence you hear using a direct object pronoun. Repeat the correct answer after the speaker. (6 *items*)

> **modelo**
> Isabel está mirando la televisión.
> Isabel *está mirándola.*

Isabel está mirando la televisión.

3 **No veo nada** You just broke your glasses and now you can't see anything. Respond to each statement using a direct object pronoun. Repeat the correct answer after the speaker. (6 *items*)

> **modelo**
> Allí está el Museo de Arte e Historia.
> ¿Dónde? No lo veo.

4 **Preguntas** Answer each question you hear in the negative. Repeat the correct response after the speaker. (6 *items*)

> **modelo**
> ¿Haces tu maleta?
> No, no la hago.

vocabulario

You will now hear the vocabulary found in your textbook on the last page of this lesson. Listen and repeat each Spanish word or phrase after the speaker.

escritura

Estrategia
Making an outline

When we write to share information, an outline can serve to separate topics and subtopics, providing a framework for the presentation of data. Consider the following excerpt from an outline of the tourist brochure on pages 180–181 of your textbook.

IV. Excursiones
    A. Bahía Fosforescente
        1. Salidas de noche
        2. Excursión en barco
    B. Parque Nacional Foresta
        1. Museo de Arte Nativo
        2. Reserva Mundial de la Biosfera

Mapa de ideas

Idea maps can be used to create outlines. (To review the use of idea maps, see **Lección 3 Escritura**.) The major sections of an idea map correspond to the Roman numerals in an outline. The minor idea map sections correspond to the outline's capital letters, and so on. Examine the idea map that led to the outline above.

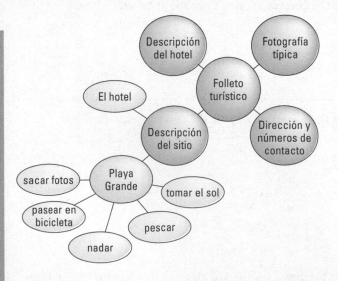

Tema
Escribir un folleto

Antes de escribir

1. You are going to write a tourist brochure for a hotel or resort, real or imaginary. Create an outline or an idea map choosing information from each of the following categories. Be sure to include at least four minor sections in your outline or idea map. If you have selected a real hotel or resort and need more ideas, research it online to find more information about it.

I. II. III. IV. (Major sections)	A. B. C. D. (Minor sections)	1. 2. 3. 4. (Details of minor sections)
▶ name of hotel/resort	▶ description of exterior, interior, surrounding area, activities ▶ how to contact	▶ phone and fax numbers ▶ address of website ▶ e-mail address ▶ climate ▶ cultural attractions ▶ scenic natural attractions ▶ local geography ▶ recreational activities ▶ room layout and contents ▶ internal facilities ▶ grounds ▶ external facilities

2. Once you have created your outline, think of any other information not in the categories above that you would like to include and add it to the appropriate sections.

Escribir

Use your outline or idea map to create a tourist brochure for the hotel or resort you chose. Create a title for the brochure, as well as a title for each of the minor sections. Each minor section should have its own title and exist separately from the other sections. If you want to include drawings or downloaded visuals from the Internet, make sure you place them next to relevant sections of text.

Después de escribir

1. Exchange your outline and rough drafts with a partner. Comment on his or her work by answering these questions:

    ▶ Does your partner's rough draft match the outline or idea map that he or she created?

    ▶ Did your partner include at least four minor sections in the brochure?

    ▶ Does each minor section have a separate title?

    ▶ Does each minor section include some additional details about that topic?

    ▶ If your partner included visuals, do they help illustrate the text around them?

    ▶ Did your partner use **ser** and **estar** correctly when describing the hotel or resort?

    ▶ Did your partner use present tense verb forms correctly?

    ▶ Did your partner include adjectives that describe the hotel or resort in detail?

2. Revise your description according to your partner's comments. After writing the final version, read it once more to eliminate these kinds of problems:

    ▶ spelling errors

    ▶ punctuation errors

    ▶ capitalization errors

    ▶ noun-adjective agreement errors

    ▶ incorrect use of **ser** and **estar**

    ▶ use of the wrong verb form

Lección 5

Writing Activities

¡Vacaciones en Perú!

Antes de ver el video

1 **Más vocabulario** Look over these useful words before you watch the video.

Vocabulario útil		
aislado/a *isolated*	disfrutar *to enjoy*	se salvó *was saved*
andino/a *Andean*	el esfuerzo *effort*	la selva *jungle*
ayudó *helped*	hemos contratado *we have hired*	subir *to climb, to go up*
el cultivo *farming*	la obra *work (of art)*	la vuelta al mundo *around the world*

2 **Completar** Complete these sentences. Make the necessary changes.

1. Machu Picchu es una _____ muy importante de la civilización inca.

   Esta (*This*) ciudad inca está rodeada (*surrounded*) de una gran _____.

2. Los incas fueron (*were*) grandes artistas y expertos en técnicas de _____

   como el sistema de terrazas (*terraces*).

3. Hoy muchos turistas van a _____ de las ruinas incas y del maravilloso paisaje

   (*landscape*) andino.

4. Cada año miles de personas deciden _____ hasta Machu Picchu por el Camino Inca.

3 **¡En español!** Look at the video still. Imagine what Omar will say about Machu Picchu, and write a two- or three-sentence introduction to this episode.

Omar Fuentes, Perú

¡Bienvenidos a otra aventura de *Flash cultura*! Hoy estamos en…

_____

_____

_____

_____

_____

Mientras ves el video

4 **Descripción** What does Noemí say about the lost city of Machu Picchu? Complete this quote.

"Omar, te cuento (*let me tell you*) que Machu Picchu se salvó de la invasión (1)_____

gracias a que se encuentra (*it's located*) (2)_____ sobre esta (3)_____,

como tú puedes ver. Y también la (4)_____ ayudó mucho… lo cubrió (*covered*)

rápidamente, y eso también contribuye".

5 **Emparejar** Watch the tourists describe their impressions of Machu Picchu. Match the captions to the appropriate people.

1. _____   2. _____

3. _____   4. _____

a. enigma y misterio c. algo esplendoroso, algo único… e. Nos encanta muchísimo.

b. magnífico y misterioso d. ¡Fantástico!

Después de ver el video

6 **¿Cierto o falso?** Indicate whether each statement is **cierto** or **falso**.

1. Las ruinas de Machu Picchu están al lado del mar. _____

2. Hay menos de (*less than*) cien turistas por día en el santuario (*sanctuary*) inca. _____

3. Cuando visitas Machu Picchu, puedes contratar a un guía experto. _____

4. Todos los turistas llegan a Machu Picchu en autobús. _____

5. Omar pregunta a los turistas por qué visitan Machu Picchu. _____

7 **¡La vuelta al mundo!** Imagine that you are a travel agent and that the French globetrotting family is planning its next destination. Write a conversation between you and the mother. Suggest a destination, describe the activities the family can do, and work out how to get there, where to stay, and for how long.

_____

_____

_____

_____

_____

Lección 5

Video Activities: *Flash cultura*

panorama

Puerto Rico

Lección 5

1 **¿Cierto o falso?** Indicate if each statement is **cierto** or **falso**. Then correct the false statements.

1. El área de Puerto Rico es menor que (*smaller than*) la de Connecticut.

   _____

2. Todos (*All*) los puertorriqueños hablan inglés y español.

   _____

3. La fortaleza del Morro protegía (*protected*) la bahía de Mayagüez.

   _____

4. La música salsa tiene raíces españolas.

   _____

5. Los científicos detectan emisiones de radio desde (*from*) el Observatorio de Arecibo.

   _____

6. Los puertorriqueños no votan en las elecciones presidenciales de los Estados Unidos.

   _____

2 **Datos de Puerto Rico** Complete these sentences with words and expressions from **Panorama**.

1. Más de la mitad de la población de Puerto Rico vive en _____.

2. El uso del inglés es obligatorio para los documentos _____.

3. _____ fue (*was*) un beisbolista puertorriqueño famoso.

4. Hoy día, _____ es el centro internacional de la salsa.

5. El Observatorio de Arecibo tiene uno de los _____ más grandes del mundo.

6. Puerto Rico se hizo parte de los EE.UU. en 1898 y se hizo un _____ en 1952.

3 **Cosas puertorriqueñas** Fill in each category with information from **Panorama**.

	Ciudades puertorriqueñas	Ríos puertorriqueños	Islas puertorriqueñas	Puertorriqueños célebres
○				

4 **¿Lo hacen?** Answer these questions correctly using a direct object pronoun in each answer.

> **modelo**
>
> ¿Lees el artículo de Puerto Rico?
> Sí, lo leo./ No, no lo leo.

1. ¿Usan los pesos como moneda los puertorriqueños?

_____

2. ¿Habla el idioma inglés la cuarta parte de la población puertorriqueña?

_____

3. ¿Sacan fotografías del Morro muchas personas?

_____

4. ¿Tocan música salsa Felipe Rodríguez, El Gran Combo y Héctor Lavoe?

_____

5. ¿Estudian las montañas los científicos del Observatorio de Arecibo?

_____

6. ¿Pagan impuestos federales los puertorriqueños?

_____

5 **Fotos de Puerto Rico** Write the name of what is shown in each picture.

1. _____   2. _____

3. _____   4. _____

Lección 5 Panorama Activities

Panorama: Puerto Rico

Lección 5

Antes de ver el video

1 **Más vocabulario** Look over these useful words before you watch the video.

Vocabulario útil

angosto *narrow*	calle *street*	plaza *square*
antiguo *old*	escultura *sculpture*	promocionar *to promote*
artesanías *handicrafts*	exposición *exhibition*	sitio *site*
bahía *bay*	fuente *fountain*	vender *to sell*
barrio *neighborhood*		

2 **Preferencias** This video describes the attractions that San Juan, the capital of Puerto Rico, has to offer. In Spanish, list at least three things that you like to do when you visit a new city.

______
______
______
______
______
______

Mientras ves el video

3 **Cognados** Check off all the cognates you hear during the video.

_____ 1. aeropuerto
_____ 2. área
_____ 3. arte
_____ 4. artístico
_____ 5. cafés
_____ 6. calma
_____ 7. capital
_____ 8. construcciones
_____ 9. estrés
_____ 10. histórico
_____ 11. información
_____ 12. nacional
_____ 13. permanente
_____ 14. presidente
_____ 15. restaurantes

Después de ver el video

4 **Corregir** All of these statements are false. Rewrite them to correct the false information.

1. El Viejo San Juan es el barrio más moderno de la capital.

_____

2. El Morro es el centro artístico y cultural de Puerto Rico.

_____

3. Muchos artistas locales compran sus creaciones en las calles.

_____

4. En diciembre se celebra la Fiesta de la Calle San Sebastián con conciertos, exposiciones especiales de arte y un carnaval.

_____

5. En el Museo de las Américas presentan exposiciones relacionadas con la historia de Norteamérica.

_____

6. Todos los días, más de un millón de visitantes llegan al Centro de Información de Turismo del Viejo San Juan.

_____

5 **Completar** Complete the sentences with words from the word bank.

camina	coloniales	excelente	galerías	promociona
capital	esculturas	exposición	hermoso	realiza

1. En la bahía de la _____ de Puerto Rico está el Castillo de San Felipe del Morro.

2. Muchas de las construcciones del Viejo San Juan son _____.

3. En la mayoría de los parques hay _____ inspiradas en la historia del país.

4. El Instituto de Cultura Puertorriqueña _____ eventos culturales en la isla.

5. Hay muchas _____ de arte y museos.

6. En el Museo de San Juan hay una _____ permanente de la historia de Puerto Rico.

6 **Preferencias** Of all the places in San Juan that were described, which one did you find most interesting? In Spanish, describe this place and explain why you found it interesting.

_____

_____

_____

_____

contextos

1 **El almacén** Look at the department store directory. Then complete the sentences with terms from the word list.

Almacén Gema

PRIMER PISO	Departamento de caballeros
SEGUNDO PISO	Ropa de invierno y zapatos
TERCER PISO	Departamento de damas y óptica
CUARTO PISO	Ropa interior, ropa de verano y trajes de baño

abrigos	corbatas	sandalias
blusas	faldas	trajes de baño
bolsas	gafas de sol	trajes de hombre
botas	guantes	vestidos
calcetines	medias	zapatos de tenis
cinturones	pantalones de hombre	

1. En el primer piso puedes encontrar _____

_____

2. En el segundo piso puedes encontrar _____

_____

3. En el tercer piso puedes encontrar _____

_____

4. En el cuarto piso puedes encontrar _____

_____

5. Quiero unos pantalones cortos. Voy al _____ piso.

6. Buscas unos lentes. Vas al _____ piso.

7. Arturo ve una chaqueta en el _____ piso.

8. Ana ve los jeans en el _____ piso.

2 **Necesito muchas cosas** Complete these sentences with the correct terms.

1. Voy a nadar en la piscina. Necesito _____.

2. Está lloviendo mucho. Necesito _____.

3. No puedo ver bien porque hace sol. Necesito _____.

4. Voy a correr por el parque. Necesito _____.

5. Queremos entrar en muchas tiendas diferentes. Vamos al _____.

6. No tengo dinero en la cartera. Voy a pagar con la _____.

Lección 6 Contextos Activities

3 **Los colores** Answer these questions in complete sentences.

1. ¿De qué color es el chocolate?

_____

2. ¿De qué color son las berenjenas *(eggplants)*?

_____

3. ¿De qué color son las naranjas *(oranges)*?

_____

4. ¿De qué colores es la bandera *(flag)* de los Estados Unidos?

_____

5. ¿De qué color son las nubes *(clouds)* cuando está nublado?

_____

6. ¿De qué color son los bluejeans?

_____

7. ¿De qué color son muchos aviones?

_____

8. ¿De qué color son las palabras de este libro?

_____

4 **¿Qué lleva?** Look at the illustration and fill in the blanks with the names of the numbered items.

contextos

1 **¿Lógico o ilógico?** Listen to each statement and indicate if it is **lógico** or **ilógico**.

1. Lógico   Ilógico   5. Lógico   Ilógico
2. Lógico   Ilógico   6. Lógico   Ilógico
3. Lógico   Ilógico   7. Lógico   Ilógico
4. Lógico   Ilógico   8. Lógico   Ilógico

2 **Escoger** Listen as each person talks about the clothing he or she needs to buy. Then choose the activity for which the clothing would be appropriate.

1. a. ir a la playa   b. ir al cine
2. a. jugar al golf   b. buscar trabajo (*work*)
3. a. salir a bailar   b. ir a las montañas
4. a. montar a caballo   b. jugar a las cartas
5. a. jugar al vóleibol   b. comer en un restaurante elegante
6. a. hacer un viaje   b. patinar en línea

3 **Preguntas** Respond to each question saying that the opposite is true. Repeat the correct answer after the speaker. (*6 items*)

> **modelo**
> Las sandalias cuestan mucho, ¿no?
> No, las sandalias cuestan poco.

4 **Describir** You will hear some questions. Look at the drawing and write the answer to each question.

Diana   Carmen

1. _____
2. _____
3. _____
4. _____

Lección 6 Audio Activities   **33**

En el mercado   Lección 6

Antes de ver el video

1 **Describir** Look at the image and describe what you see, answering these questions: Where are Maru, Jimena, and Marissa? Who are they talking to? What is the purpose of their conversation?

_____

_____

_____

_____

_____

_____

Mientras ves el video

2 **Ordenar** Watch **En el mercado** and indicate the order in which you hear the following.

_____ a. Acabamos de comprar tres bolsas por 480 pesos.

_____ b. ¿Encontraron el restaurante?

_____ c. Esta falda azul es muy elegante.

_____ d. Le doy un muy buen precio.

_____ e. Mira, son cuatro. Roja, amarilla, blanca, azul.

_____ f. Acabo de ver una bolsa igual a ésta que cuesta 30 pesos menos.

3 **Mérida** Check each thing you see.

_____ 1. una tarjeta de crédito   _____ 4. un impermeable

_____ 2. una blusa   _____ 5. unos aretes

_____ 3. un mercado   _____ 6. un vendedor

4 **¿Quién lo dijo?** Indicate whether Marissa, Miguel, or don Guillermo said each sentence.

_____ 1. Quiero comprarle un regalo a Maru.

_____ 2. ¿Me das aquella blusa rosada? Me parece que hace juego con esta falda.

_____ 3. ¿Puedo ver ésos, por favor?

_____ 4. Hasta más tarde. Y ¡buena suerte!

_____ 5. Me contaron que los vendedores son muy simpáticos.

Después de ver el video

5

Completar Complete the following sentences with words from the box.

azul	hermana	novia
camisetas	mercado	regatear
en efectivo	negro	vender

1. Juan Carlos, Felipe y Miguel creen que las chicas no saben _____.

2. Los seis amigos van de compras a un _____.

3. Marissa dice que el color _____ está de moda.

4. Miguel quiere comprarle un regalo a su _____ Maru.

5. Las _____ de Juan Carlos y Felipe costaron 200 pesos.

6. Las chicas pagan 480 pesos _____ por las bolsas.

6

Corregir All these statements are false. Rewrite them so they are true.

1. Jimena dice que la ropa del mercado es muy fea.

_____

2. Marissa usa la talla 6.

_____

3. Maru compró una blusa.

_____

4. Miguel compró un abrigo para Maru.

_____

7

Preguntas Answer these questions in Spanish.

1. ¿Te gusta ir de compras? ¿Por qué? _____

2. ¿Adónde vas de compras? ¿Por qué? _____

3. ¿Con quién(es) vas de compras? ¿Por qué? _____

4. Imagina que estás en un centro comercial y que tienes mil dólares. ¿Qué vas a comprar? ¿Por qué?

_____

5. Cuando tus familiares compran un auto, ¿regatean con el/la vendedor(a)? ¿Qué dicen?

_____

Lección 6

Video Activities *Fotonovela*

pronunciación · **Lección 6**

The consonants **d** and **t**

Like **b** and **v**, the Spanish **d** can have a hard sound or a soft sound, depending on which letters appear next to it.

¿**D**ónde?   ven**d**er   na**d**ar   ver**d**a**d**

At the beginning of a phrase and after **n** or **l**, the letter **d** is pronounced with a hard sound. This sound is similar to the English *d* in *dog*, but a little softer and duller. The tongue should touch the back of the upper teeth, not the roof of the mouth.

Don   **d**inero   tien**d**a   fal**d**a

In all other positions, **d** has a soft sound. It is similar to the English *th* in *there*, but a little softer.

me**d**ias   ver**d**e   vesti**d**o   huéspe**d**

When **d** begins a word, its pronunciation depends on the previous word. At the beginning of a phrase or after a word that ends in **n** or **l**, it is pronounced as a hard **d**.

Don **D**iego no tiene el **d**iccionario.

Words that begin with **d** are pronounced with a soft **d** if they appear immediately after a word that ends in a vowel or any consonant other than **n** or **l**.

Doña **D**olores es **d**e la capital.

When pronouncing the Spanish **t**, the tongue should touch the back of the upper teeth, not the roof of the mouth. In contrast to the English *t*, no air is expelled from the mouth.

traje   pan**t**alones   **t**arje**t**a   **t**ienda

1 Práctica Repeat each phrase after the speaker to practice the **d** and the **t**.

1. Hasta pronto.
2. De nada.
3. Mucho gusto.
4. Lo siento.
5. No hay de qué.
6. ¿De dónde es usted?
7. ¡Todos a bordo!
8. No puedo.
9. Es estupendo.
10. No tengo computadora.
11. ¿Cuándo vienen?
12. Son las tres y media.

2 Oraciones When you hear the number, read the corresponding sentence aloud, focusing on the **d** and **t** sounds. Then listen to the speaker and repeat the sentence.

1. Don Teodoro tiene una tienda en un almacén en La Habana.
2. Don Teodoro vende muchos trajes, vestidos y zapatos todos los días.
3. Un día un turista, Federico Machado, entra en la tienda para comprar un par de botas.
4. Federico regatea con don Teodoro y compra las botas y también un par de sandalias.

3 Refranes Repeat each saying after the speaker to practice the **d** and the **t**.

1. En la variedad está el gusto.   2. Aunque la mona se vista de seda, mona se queda.

4 Dictado You will hear four sentences. Each will be said twice. Listen carefully and write what you hear.

1. _____
2. _____
3. _____
4. _____

estructura

6.1 Saber and conocer

1 ¿**Saber o conocer?** Complete the sentences, using **saber** and **conocer**.

1. (yo) No _____ a los padres de Juan Carlos.

2. Marissa _____ las ciudades de Canadá.

3. ¿(Maru, tú) _____ dónde estamos?

4. Yo _____ hablar italiano y francés.

5. La señora Díaz _____ bien la capital de México.

6. Jimena y yo no _____ a los otros turistas.

2 ¿**Qué hacen?** Complete the sentences, using the verbs from the word bank. Use each verb only once.

conducir	ofrecer	saber
conocer	parecer	traducir

1. El señor Díaz _____ su automóvil todos los días.

2. Miguel _____ usar su computadora muy bien.

3. Jimena _____ ser una estudiante excelente.

4. Miguel y Maru no _____ bien al vendedor.

5. La Universidad del Mar _____ cursos muy interesantes.

6. Nosotros _____ libros a diferentes lenguas extranjeras.

3 **Oraciones completas** Create sentences, using the elements and **saber** or **conocer**.

1. Eugenia / mi amiga Anita

_____

2. Pamela / hablar español muy bien

_____

3. el sobrino de Rosa / leer y escribir

_____

4. José y Laura / la ciudad de Barcelona

_____

5. nosotros no / llegar al centro comercial

_____

6. yo / el profesor de literatura

_____

7. Elena y María Victoria / patinar en línea

_____

Lección 6 Estructura Activities | **37**

estructura

6.1 Saber and conocer

1 **¿Saber o conocer?** You will hear some sentences with a beep in place of the verb. Decide which form of **saber** or **conocer** should complete each sentence and circle it.

> **modelo**
> You hear: (Beep) cantar.
> You circle: **Sé** because the sentence is **Sé cantar**.

1. Sé   Conozco   3. Sabemos   Conocemos   5. Sabes   Conoces
2. Saben   Conocen   4. Sé   Conozco   6. Sabes   Conoces

2 **Cambiar** Listen to the following statements and say that you do the same activities. Repeat the correct answer after the speaker. (5 items)

> **modelo**
> Julia sabe nadar.
> Yo también sé nadar.

3 **Preguntas** Answer each question using the cue you hear. Repeat the correct response after the speaker. (6 items)

> **modelo**
> ¿Conocen tus padres Antigua? (Sí)
> Sí, mis padres conocen Antigua.

4 **Mi compañera de cuarto** Listen as Jennifer describes her roommate. Then read the statements and decide whether they are **cierto** or **falso**.

	Cierto	Falso
1. Jennifer conoció (met) a Laura en la escuela primaria.	O	O
2. Laura sabe hacer muchas cosas.	O	O
3. Laura sabe hablar alemán.	O	O
4. Laura sabe buscar gangas.	O	O
5. Laura sabe patinar en línea.	O	O
6. Laura conoce a algunos muchachos simpáticos.	O	O

5 **De compras** Listen to this conversation between Carmen and Rosalía. Then choose the correct answers to the questions.

1. ¿Cuál es el problema de Carmen cuando va de compras?
   a. Siempre encuentra gangas.   b. Nunca encuentra ofertas.
2. ¿Conoce Carmen el nuevo centro comercial?
   a. No lo conoce, pero sabe dónde está.   b. Ni lo conoce ni sabe dónde está.
3. ¿Qué quiere comprar Rosalía en el centro comercial?
   a. Quiere comprar zapatos.   b. Quiere comprar una camiseta.
4. ¿Cuándo van Carmen y Rosalía de compras?
   a. Mañana antes del trabajo.   b. Mañana después del trabajo.

6.2 Indirect object pronouns

1 **¿A quién?** Complete these sentences with the correct indirect object pronouns.

1. _____ pido a la profesora los libros de español.

2. Amelia _____ pregunta a nosotras adónde queremos ir.

3. El empleado _____ busca trabajo a sus primas en el almacén.

4. Julio _____ quiere dar un televisor nuevo a sus padres.

5. Los clientes _____ piden rebajas a nosotros todos los años.

6. Tu hermano no _____ presta la ropa a ti (*you*).

7. La empleada de la tienda _____ cerró la puerta a mi tía.

8. La mamá no _____ hace la tarea a sus hijos.

9. Tus padres _____ deben dar mucho dinero a ti, porque llevas ropa muy cara.

10. Las dependientas _____ traen el vestido rosado a mí.

2 **Planes** Complete this paragraph with the correct indirect object pronouns and find out Sara's plans for this summer.

Mis amigos Loles, Antonio y Karen (1)_____ preguntan a mí si quiero ir a Italia con ellos este verano. Yo (2)_____ digo: "¡Sí, síí, síííííí!" Ellos (3)_____ quieren pedir un libro o dos a la profesora de historia del arte. Yo (4)_____ quiero dar a ellos un álbum de fotos muy interesante. El novio de mi hermana es italiano. Él tiene una colección con dos mil cuatrocientas sesenta y tres fotos de muchas ciudades y museos de su país. (5)_____ voy a preguntar a mi hermana dónde lo tiene y a mis padres (6)_____ voy a decir: "¡Mamá, papá, en agosto voy a Italia con unos amigos! La señorita Casanova (7)_____ va a prestar un par de libros y el novio de Ángeles (8)_____ va a prestar su maravilloso álbum de fotos".

Loles tiene suerte. Su tía (9)_____ va a pagar el pasaje. Antonio y Karen van a trabajar en el centro comercial los meses de junio y julio. ¿Y yo qué hago? ¿Quién (10)_____ va a pagar el pasaje a mí? ¿A quién (11)_____ pido dinero yo? ¿A papá?... Pero él (12)_____ dice: "Sarita, hija, lo siento, pero yo no (13)_____ puedo pagar tu pasaje. Tu prima (14)_____ puede dar trabajo de dependienta en su tienda de ropa". ¡¡¡Trabajo?!!

3 Delante o detrás Rewrite these sentences, using an alternate placement for the indirect object pronouns.

> **modelo**
> Me quiero comprar un suéter nuevo.
> *Quiero comprarme un suéter nuevo.*

1. Les vas a dar muchos regalos a tus padres.

   _____

2. Quiero comprarles unos guantes a mis sobrinos.

   _____

3. Clara va a venderle sus libros de literatura a su amiga.

   _____

4. Los clientes nos pueden pagar con tarjeta de crédito.

   _____

4 De compras Complete the paragraph with the correct indirect object pronouns.

Isabel y yo vamos de compras al centro comercial. Yo (1)_____ tengo que

comprar unas cosas a mis parientes porque voy a viajar a la ciudad de mis tíos este fin de semana.

A mi prima Laura (2)_____ quiero comprar unas gafas de sol, pero ella

(3)_____ tiene que comprar un traje de baño a mí. A mis dos primos

(4)_____ voy a comprar una pelota de béisbol. A mi tío

(5)_____ llevo un libro y a mi tía (6)_____ tengo que conseguir

una blusa. (7)_____ quiero llevar camisetas con el nombre de mi ciudad a todos.

5 Respuestas Answer these questions negatively. Use indirect object pronouns in the answer.

> **modelo**
> ¿Le compras una camisa a tu novio?
> *No, no le compro una camisa.*

1. ¿Le escribe Rolando un mensaje electrónico a Miguel?

   _____

2. ¿Nos trae el botones las maletas a la habitación?

   _____

3. ¿Les dan gafas de sol los vendedores a los turistas?

   _____

4. ¿Te compra botas en el invierno tu mamá?

   _____

5. ¿Les muestra el traje a ustedes el dependiente?

   _____

6. ¿Me vas a buscar la revista en la librería?

   _____

Lección 6

6.2 Indirect object pronouns

1 Escoger Listen to each question and choose the most logical response.

1. a. Sí, le muestro el abrigo.

   b. Sí, me muestra el abrigo.

2. a. No, no le presto el suéter azul.

   b. No, no te presto el suéter azul.

3. a. Voy a comprarles ropa interior.

   b. Vamos a comprarle ropa interior.

4. a. Sí, nos dan las nuevas sandalias.

   b. Sí, me dan las nuevas sandalias.

5. a. Nos cuestan veinte dólares.

   b. Les cuestan veinte dólares.

6. a. Sí, nos trae un sombrero.

   b. Sí, te traigo un sombrero.

2 Transformar Cecilia is shopping. Say for whom she buys these items using indirect object pronouns. Repeat the correct answer after the speaker. (*6 items*)

> **modelo**
> Cecilia compra una bolsa para Dora.
> *Cecilia le compra una bolsa.*

3 Preguntas Answer each question you hear using the cue. Repeat the correct response after the speaker.

> **modelo**
> *You hear:* ¿Quién está esperándote?
> *You see:* Mauricio
> *You say:* Mauricio está esperándome.

1. sí	3. no	5. Antonio
2. $50,00	4. su traje nuevo	6. bluejeans

4 En el centro comercial Listen to this conversation and answer the questions.

1. ¿Quién es Gustavo?

_____

2. ¿Qué está haciendo Gustavo?

_____

3. ¿Qué le pregunta Gustavo a José?

_____

4. ¿Por qué le presta dinero José?

_____

5. ¿Cuándo va a regalarle (*to give*) la falda a Norma?

_____

6.3 Preterite tense of regular verbs

1 **El pretérito** Complete these sentences with the preterite tense of the indicated verb.

1. Marcela _____ (encontrar) las sandalias debajo de la cama.

2. Gustavo _____ (recibir) un regalo muy bonito.

3. Sara y Viviana _____ (terminar) el libro al mismo tiempo.

4. La agente de viajes _____ (preparar) un itinerario muy interesante.

5. (yo) _____ (visitar) la ciudad en invierno.

6. Los dependientes _____ (escuchar) el partido por la radio.

7. Patricia y tú _____ (viajar) a México el verano pasado.

8. (nosotras) _____ (escribir) una carta al empleado del almacén.

9. (tú) _____ (regresar) del centro comercial a las cinco de la tarde.

10. Ustedes _____ (vivir) en casa de sus padres.

2 **Ahora y en el pasado** Rewrite these sentences in the preterite tense.

1. Ramón escribe una carta al director del programa.

_____

2. Mi tía trabaja de dependienta en un gran almacén.

_____

3. Comprendo el trabajo de la clase de inglés.

_____

4. La familia de Daniel vive en Argentina.

_____

5. Virginia y sus amigos comen en el café de la librería.

_____

6. Los ingenieros terminan la construcción de la tienda en junio.

_____

7. Llevas un vestido muy elegante a la escuela.

_____

8. Los turistas caminan, compran y descansan.

_____

9. Corremos cada día en el parque.

_____

3 Confundido Your friend Mario has a terrible memory. Answer his questions negatively, indicating that what he asks already happened.

> **modelo**
>
> ¿Va a comprar ropa Silvia en el centro comercial?
> No, Silvia ya *compró ropa en el centro comercial.*

1. ¿Va a viajar a Perú tu primo Andrés?

   _____

2. ¿Vas a buscar una tienda de computadoras en el centro comercial?

   _____

3. ¿Vamos a encontrar muchas rebajas en el centro?

   _____

4. ¿Va María a pagar las sandalias en la caja?

   _____

5. ¿Van a regatear con el vendedor Mónica y Carlos?

   _____

6. ¿Va a pasear por la playa tu abuela?

   _____

4 La semana pasada Now Mario wants to know what you did last week. Write his question, then answer it affirmatively or negatively.

> **modelo**
>
> sacar fotos de los amigos
> —¿Sacaste fotos de los amigos?
> —Sí, saqué fotos de los amigos./No, no saqué fotos de los amigos.

1. pagar el abrigo con la tarjeta de crédito

   _____

   _____

2. jugar al tenis

   _____

   _____

3. buscar un libro en la biblioteca

   _____

   _____

4. llegar tarde a clase

   _____

   _____

5. empezar a escribir una carta

   _____

   _____

6.3 Preterite tense of regular verbs

1 **Identificar** Listen to each sentence and decide whether the verb is in the present or the preterite tense. Mark an **X** in the appropriate column.

> **modelo**
> *You hear:* Alejandro llevó un suéter marrón.
> *You mark:* an **X** under ***Preterite***.

	Present	*Preterite*
Modelo	_____	____X____
1.	_____	_____
2.	_____	_____
3.	_____	_____
4.	_____	_____
5.	_____	_____
6.	_____	_____
7.	_____	_____
8.	_____	_____

2 **Cambiar** Change each sentence from the present to the preterite. Repeat the correct answer after the speaker. (*8 items*)

> **modelo**
> Compro unas sandalias baratas.
> *Compré unas sandalias baratas.*

3 **Preguntas** Answer each question you hear using the cue. Repeat the correct response after the speaker.

> **modelo**
> *You hear:* ¿Dónde conseguiste tus botas?
> *You see:* en la tienda Lacayo
> *You say:* Conseguí mis botas en la tienda Lacayo.

1. $26,00   2. ayer   3. Marta   4. no   5. no   6. no

4 **¿Estás listo?** Listen to this conversation between Matilde and Hernán. Make a list of the tasks Hernán has already done in preparation for his trip and a list of the tasks he still needs to do.

Tareas completadas	**Tareas que necesita hacer**
_____	_____
_____	_____
_____	_____
_____	_____
_____	_____

Lección 6

Audio Activities

estructura 6.3

Estudiante 1

6 **El fin de semana** (student text p. 209) You and your partner each have different incomplete charts about what four employees at **Almacén Gigante** did last weekend. After you fill out the chart based on each other's information, you will fill out the final column about your partner. Remember to use the preterite tense.

Vocabulario útil

abrir	comprar	leer	trabajar
acampar	correr	llegar	vender
bailar	escribir	mirar	ver
beber	hablar	oír	viajar
comer	jugar	tomar	volver

	Margarita	Pablo y Ramón	Señora Zapata	Mi compañero/a
El viernes por la noche				
El sábado por la mañana				
El sábado por la noche				
El domingo				

Lección 6 Communication Activities   **45**

estructura 6.3

Estudiante 2

6

El fin de semana (student text p. 209) You and your partner each have different incomplete charts about what four employees at **Almacén Gigante** did last weekend. After you fill out the chart based on each other's information, you will fill out the final column about your partner. Remember to use the preterite tense.

Vocabulario útil			
abrir	comprar	leer	trabajar
acampar	correr	llegar	vender
bailar	escribir	mirar	ver
beber	hablar	oír	viajar
comer	jugar	tomar	volver

	Margarita	Pablo y Ramón	Señora Zapata	Mi compañero/a
El viernes por la noche				
El sábado por la mañana				
El sábado por la noche				
El domingo				

6.4 Demonstrative adjectives and pronouns

1 **De compras** Complete these sentences with the correct form of the adjective in parentheses.

1. Me quiero comprar _____ (*these*) zapatos porque me gustan mucho.

2. Comimos en _____ (*that*) centro comercial la semana pasada.

3. _____ (*that over there*) tienda vende las gafas de sol a un precio muy alto (*high*).

4. Las rebajas en _____ (*this*) almacén son fenomenales.

5. _____ (*those*) botas hacen juego con tus pantalones negros.

6. Voy a llevar _____ (*these*) pantalones con la blusa roja.

2 **Claro que no** Your friend Mario hates shopping, and can't keep anything straight. Answer his questions negatively, using the cues in parentheses and the corresponding demonstrative adjectives.

> **modelo**
> ¿Compró esas medias Sonia? (cartera)
> No, compró esa cartera.

1. ¿Va a comprar ese suéter Gloria? (pantalones)

_____

2. ¿Llevaste estas sandalias? (zapatos de tenis)

_____

3. ¿Quieres ver esta ropa interior? (medias)

_____

4. ¿Usa aquel traje David? (chaqueta negra)

_____

5. ¿Decidió Silvia comprar esas gafas de sol? (sombrero)

_____

6. ¿Te mostró el vestido aquella vendedora? (dependiente)

_____

3 **Ésos no** Complete these sentences using demonstrative pronouns. Choose a pronoun for each sentence, paying attention to agreement.

1. Aquellas sandalias son muy cómodas, pero _____ son más elegantes.

2. Esos vestidos largos son muy caros; voy a comprar _____ .

3. No puedo usar esta tarjeta de crédito; tengo que usar _____ .

4. Esos zapatos tienen buen precio, pero _____ no.

5. Prefiero este sombrero porque _____ es muy grande.

6. Estas medias son buenas; las prefiero a _____ .

Lección 6

4   Éstas y aquéllas Look at the illustration and complete this conversation with the appropriate demonstrative adjectives and pronouns.

CLAUDIA   ¿Quieres comprar (1)_____ corbata, Gerardo?

GERARDO   No, no quiero comprar (2)_____. Prefiero (3)_____ del escaparate (*display case*).

CLAUDIA   (4)_____ es bonita, pero no hace juego con tu chaqueta.

GERARDO   Mira (5)_____ chaqueta. Es muy elegante y está a buen precio. Sí, puedo usar (6)_____ y darle a mi hermano ésta.

CLAUDIA   ¿Y (7)_____ cinturón?

GERARDO   (8)_____ es muy elegante. ¿Es caro?

CLAUDIA   Es más barato que (9)_____ tres del escaparate.

5   Más compras Pilar and Marta are at the mall trying to get a new outfit for a special occasion. Write the conversation in which they talk about different clothing. Use at least six expressions from the list.

aquel vendedor	esa camisa	esos colores	esta falda
aquellas botas	ese precio	esos zapatos	este vestido

_____

_____

_____

_____

_____

_____

Síntesis

Imagine that you went with your brother to an open-air market last weekend. This weekend you take a friend there. Write a conversation between you and your friend, using as many different verbs as you can from those you have learned.

• Indicate to your friend the items you saw last weekend, what you liked and didn't like, the items that you bought, how much you paid for them, and for whom you bought the items.

• Suggest items that your friend might buy and for whom he or she might buy them.

_____

_____

_____

_____

_____

_____

_____

_____

_____

_____

_____

_____

_____

_____

_____

_____

_____

_____

_____

_____

_____

_____

_____

Lección 6

6.4 Demonstrative adjectives and pronouns

1 **En el mercado** A group of tourists is shopping at an open-air market. Listen to what they say, and mark an **X** in the column for the demonstrative adjective you hear.

> **modelo**
> *You hear:* Me gusta mucho esa bolsa.
> *You mark:* an **X** under *that*.

	this	*that*	*these*	*those*
Modelo	_____	**X**	_____	_____
1.	_____	_____	_____	_____
2.	_____	_____	_____	_____
3.	_____	_____	_____	_____
4.	_____	_____	_____	_____

2 **Cambiar** Form a new sentence using the cue you hear. Repeat the correct answer after the speaker. (6 *items*)

> **modelo**
> Quiero este suéter. (chaqueta)
> *Quiero esta chaqueta.*

3 **Transformar** Form a new sentence using the cue you hear. Repeat the correct answer after the speaker. (6 *items*)

> **modelo**
> Aquel abrigo es muy hermoso. (corbatas)
> *Aquellas corbatas son muy hermosas.*

4 **Preguntas** Answer each question you hear in the negative using a form of the demonstrative pronoun **ése**. Repeat the correct response after the speaker. (8 *items*)

> **modelo**
> ¿Quieres esta blusa?
> *No, no quiero ésa.*

5 **De compras** Listen to this conversation. Then read the statements and decide whether they are **cierto** or **falso**.

	Cierto	Falso
1. Flor quiere ir al almacén Don Guapo.	○	○
2. Enrique trabaja en el almacén Don Guapo.	○	○
3. El centro comercial está lejos de los chicos.	○	○
4. Van al almacén que está al lado del Hotel Plaza.	○	○

vocabulario

You will now hear the vocabulary found in your textbook on the last page of this lesson. Listen and repeat each Spanish word or phrase after the speaker.

Leccíon 6

Audio Activities

estructura 6.4

Estudiante 1

6 **Diferencias** (student text p. 213) You and your partner each have a drawing of a store. They are almost identical, but not quite. Use demonstrative adjectives and pronouns to find seven differences.

> **modelo**
>
> **Estudiante 1:** Aquellas gafas de sol son feas, ¿verdad?
> **Estudiante 2:** No. Aquellas gafas de sol son hermosas.

Lección 6 Communication Activities **51**

estructura 6.4

Estudiante 2

6 **Diferencias** (student text p. 213) You and your partner each have a drawing of a store. They are almost identical, but not quite. Use demonstrative adjectives and pronouns to find seven differences.

> **modelo**
>
> **Estudiante 1:** Aquellas gafas de sol son feas, ¿verdad?
> **Estudiante 2:** No. Aquellas gafas de sol son hermosas.

escritura

Lección 6

Estrategia
How to report an interview

There are several ways to prepare a written report about an interview. For example, you can transcribe the interview verbatim, you can simply summarize it, or you can summarize it but quote the speakers occasionally. In any event, the report should begin with an interesting title and a brief introduction, which may include the English five Ws (*what, where, when, who, why*) and H (*how*) of the interview. The report should end with an interesting conclusion. Note that when you transcribe dialogue in Spanish, you should pay careful attention to format and punctuation.

Writing dialogue in Spanish

▶ If you need to transcribe an interview verbatim, you can use speakers' names to indicate a change of speaker.

LILIANA	Generalmente, ¿cuándo vas de compras?
LUIS	Bueno, normalmente voy los fines de semana. No tengo tiempo durante la semana.
LILIANA	¿Qué compraste el fin de semana pasado?
LUIS	Me compré un par de zapatos y unos regalos para mi abuelo.
LILIANA	¿Y gastaste mucho dinero?
LUIS	No, porque encontré unas gangas en el almacén. También compré unas cosas en el mercado al aire libre, donde es posible regatear un poco.

▶ You can also use a dash (*raya*) to mark the beginning of each speaker's words.

—¿Encontraste unas gangas?

—Sí... me compré un impermeable y unos pantalones.

—¿Dónde los compraste?

—Los compré en el almacén Ofertas, cerca del centro.

Tema
Escribe un informe

Antes de escribir

1. You are going to write a report for the school newspaper about a friend's shopping habits and clothing preferences. To begin, you will brainstorm a list of questions to use when you interview your friend. Look at the categories of question words in the chart and try to come up with at least two questions for each category. You should choose from these questions as well as create some of your own.

▶ ¿Cuándo vas de compras?

▶ ¿Con quién vas de compras?

▶ ¿Adónde vas de compras?

▶ ¿Qué tiendas, almacenes o centros comerciales prefieres?

▶ ¿Por qué prefieres comprar ropa barata/cara?

▶ ¿Te gusta buscar gangas?

▶ ¿Qué ropa llevas cuando vas a clase?

▶ ¿Qué ropa llevas cuando sales a bailar?

▶ ¿Qué ropa llevas cuando practicas un deporte?

▶ ¿Cuáles son tus colores favoritos? ¿Qué ropa compras de esos colores?

▶ ¿Le das ropa a tu familia? ¿Y a tus amigos/as? ¿A quién?

¿Cuándo?	1.
	2.
¿Por qué?	1.
	2.
¿Qué?	1.
	2.
¿Con quién? / A quién?	1.
	2.
¿Adónde?	1.
	2.
¿Cuál(es)?	1.
	2.
¿Te gusta(n)...?	1.
	2.

Lección 6

Writing Activities

2. Once you have completed the chart, choose at least 12 questions you will use during your interview.

3. Once you have finalized your questions, take notes on the answers you receive. Then organize that information into categories such as clothing preferences, color preferences, people to shop with and for, places to shop, clothing prices, and shopping times.

Escribir

Write a report about your interview. Make sure you include all the information for each of the categories you created above. Summarize your findings, and quote the person you interviewed at least twice. Make sure you end your report with an interesting conclusion.

Modelo   Hablando de la ropa que lleva Shannon, le pregunté: —¿Qué tipo de ropa prefieres cuando sales a bailar?— Ella me contestó: —¡A mí me gusta la ropa elegante y cara!— Es obvio que ella no busca gangas cuando sale de compras.

Después de escribir

1. Exchange rough drafts with a partner. Comment on his or her work by answering these questions:

   ▶ Did your partner include information in a variety of categories?

   ▶ Did your partner include at least two direct quotes in his or her report?

   ▶ Did your partner use the correct style when writing the quotes?

   ▶ Did your partner use present tense verb forms correctly?

   ▶ Did your partner use preterite verb forms correctly?

2. Revise your description according to your partner's comments. After writing the final version, read it once more to eliminate these kinds of problems:

   ▶ spelling errors

   ▶ punctuation errors

   ▶ capitalization errors

   ▶ use of the wrong present tense verb form

   ▶ use of the wrong preterite verb form

   ▶ correct use of direct and indirect object pronouns

   ▶ adjectives that do not agree with the nouns they modify

Nombre _____ Fecha _____

Comprar en los mercados   Lección 6

Antes de ver el video

1 Más vocabulario Look over these useful words before you watch the video.

Vocabulario útil		
las artesanías *handicrafts*	la heladería *ice-cream shop*	la soda (C.R.) *food stall*
el camarón *shrimp*	el helado *ice cream*	la sopa de mondongo *tripe soup*
la carne *meat*	el pescado *fish*	suave *soft*
la flor *flower*	¡Pura vida! *Cool!, Alright!*	el/la tico/a *person from Costa Rica*
la fruta *fruit*	el regateo *haggling, bargaining*	vale *it costs*

2 ¡En español! Look at the video still. Imagine what Randy will say about markets in Costa Rica, and write a two- or three-sentence introduction to this episode.

Randy Cruz, Costa Rica

¡Hola a todos! Hoy estamos en… _____

_____

_____

_____

_____

Mientras ves el video

3 ¿Qué compran? Identify which item(s) these people buy at the market.

1. _____   2. _____   3. _____

a. frutas   d. camarones y flores

b. artesanías   e. zapatos

c. carne y pescado

Lección 6 Flash cultura Video Activities   **55**

Lección 6

Video Activities: *Flash cultura*

4 **Completar** Watch Randy bargain and complete this conversation.

RANDY ¿(1)_____ vale?

VENDEDOR Trescientos (2)_____.

RANDY Trescientos colones el kilo. Me puede hacer un (3)_____, ¿sí?

VENDEDOR Perfecto.

VENDEDOR OK... (4)_____ cuatro ochenta... cuatro y medio.

RANDY Cuatrocientos.

VENDEDOR Cuatro (5)_____.

RANDY Cuatrocientos cuarenta.

VENDEDOR Sí, señor.

Después de ver el video

5 **Ordenar** Put Randy's actions in the correct order.

_____ a. Busca la heladería en el Mercado Central.

_____ b. Regatea el precio de unas papayas.

_____ c. Va al mercado al aire libre.

_____ d. Entrevista a personas en el Mercado Central.

_____ e. Toma sopa de mondongo, un plato (*dish*) típico de Costa Rica.

6 **¡Aquí no hay descuentos!** Imagine that Randy wants to buy an item of clothing that he really likes, but he doesn't have enough money to pay the full price. Write a conversation between Randy and a salesperson in which Randy negotiates the price. Be creative!

_____

_____

_____

_____

_____

_____

7 **Preguntas** Answer these questions.

1. ¿En qué lugares o tipos de tiendas haces las compras generalmente? ¿Pequeñas tiendas, grandes almacenes o centros comerciales? _____

_____

2. ¿Con quién(es) sales generalmente a comprar ropa: solo/a (*alone*), con amigos o con alguien (*someone*) de tu familia? ¿Por qué? _____

_____

3. ¿Cómo prefieres pagar tus compras: en efectivo o con tarjeta de crédito? ¿Por qué? _____

_____

4. ¿Esperas las rebajas para comprar cosas que quieres o no te importa (*you don't mind*) pagar el precio normal? _____

panorama

Lección 6

Cuba

1 **Crucigrama (Crossword)** Complete this crossword puzzle with the correct terms.

Horizontales
4. Nombre de la bailarina que fundó el Ballet Nacional de Cuba
5. Especie cubana de colibrí
6. Calle de la Habana Vieja frecuentada por Hemingway
9. Apellido de una escritora cubana célebre
10. Uno de los productos agrícolas más importantes en Cuba

Verticales
1. Esta organización declaró a la Habana Vieja Patrimonio Cultural de la Humanidad.
2. Apellido del ex líder del gobierno de Cuba
3. El azúcar se saca (is extracted) de esta planta.
7. Alicia Alonso practicaba (practiced) este baile.
8. Moneda cubana

2 **Preguntas sobre Cuba** Answer these questions about Cuba in complete sentences.

1. ¿De dónde son los antepasados de muchos cubanos de hoy en día?

_____

2. ¿De qué colores es la bandera cubana?

_____

3. ¿Cuál es un medio de transporte muy popular en Cuba?

_____

4. ¿Qué es *Buena Vista Social Club*?

_____

3   Datos de Cuba Complete these sentences with information from **Panorama**.

1. El _____ en la Plaza de Armas de la Habana Vieja es ahora un museo.

2. En Cuba se encuentran la Cordillera de los _____ y la Sierra _____.

3. Una isla que forma parte de Cuba es la _____.

4. Alicia Alonso fundó el _____ en 1948.

5. La _____ es un producto de exportación muy importante para Cuba.

6. El tabaco se usa para fabricar los famosos _____.

7. La inmigración fue muy importante en Cuba desde la _____ hasta
   mediados del siglo XX.

8. *Buena Vista Social Club* interpreta canciones clásicas del _____.

4   Cubanos célebres Write the name of the famous Cuban who might have said each of
these quotations.

1. "Nací en 1927 y mi música es famosa".

   _____

2. "Me convertí en una estrella internacional con el Ballet de Nueva York".

   _____

3. "Soy el ex jefe de las fuerzas armadas de Cuba".

   _____

4. "Viví en el siglo (*century*) diecinueve y escribí poemas".

   _____

5. "Tengo más de cincuenta años, soy cubana y escribo libros".

   _____

6. "Curé a muchas personas enfermas y estudié ciencias".

   _____

5   Números cubanos Write out the numbers in Spanish that complete these sentences about Cuba.

1. Hay _____ habitantes en la isla de Cuba.

2. Hay _____ habitantes en la Habana.

3. En el año _____ la Habana Vieja fue
   declarada Patrimonio Cultural de la Humanidad.

4. El área de Cuba es de _____ millas cuadradas.

5. El colibrí abeja de Cuba es una de las más de _____ especies de
   colibrí del mundo.

6. En el año _____ nació Fidel Castro.

Panorama: Cuba   Lección 6

Antes de ver el video

1 **Más vocabulario** Look over these useful words before you watch the video.

Vocabulario útil	
conversar *to talk*	relacionadas *related to*
imágenes *images (in this case, of a religious nature)*	relaciones *relationships*
miembro *member*	saccrdotc *priest*

2 **Responder** In this video you are going to see people visiting **santeros** to talk about their problems and their futures. In preparation for watching the video, answer the following questions about your behavior and beliefs.

1. ¿Hablas con alguien (*someone*) cuando tienes problemas? ¿Con quién?

_____

_____

_____

2. En tu opinión, ¿algunas personas pueden "ver" el futuro?

_____

_____

_____

Mientras ves el video

3 **Marcar** Check off the activities you see while watching the video.

_____ 1. hombre escribiendo

_____ 2. hombre leyendo

_____ 3. mujer corriendo

_____ 4. mujer llorando (*crying*)

_____ 5. niño jugando

_____ 6. personas bailando

_____ 7. personas caminando

_____ 8. personas cantando

_____ 9. personas conversando

Después de ver el video

4 **Responder** Answer the questions in Spanish using complete sentences.

1. ¿Qué es la santería?

_____

2. ¿Quiénes son los santeros?

_____

3. ¿Qué venden en las tiendas de santería?

_____

4. ¿Para qué visitan las personas a los santeros?

_____

5. ¿Quiénes son los sacerdotes?

_____

6. ¿Qué hacen los sacerdotes cuando van a las casas de las personas?

_____

5 **¿Cierto o falso?** Indicate whether each statement is **cierto** or **falso**. Correct the false statements.

1. Cada tres horas sale un barco de La Habana con destino a Regla.

_____

2. Regla es una ciudad donde se practica la santería.

_____

3. La santería es una práctica religiosa muy común en algunos países latinoamericanos.

_____

4. Los santeros no son personas importantes en su comunidad.

_____

5. La santería es una de las tradiciones cubanas más antiguas.

_____

6 **Conversación** In this video, you see a **santero** talking with a woman. In Spanish, write a short conversation. Include what the woman would ask the **santero** and how he would respond to her problems.

_____

_____

_____

_____

_____

Nombre _____ Fecha _____

repaso

1 **No lo hago** Answer these questions affirmatively or negatively as indicated, replacing the direct object with a direct object pronoun.

> **modelo**
> ¿Traes la computadora a clase? (no)
> No, no la traigo.

1. ¿Haces la tarea de historia en tu habitación? (sí) _____

2. ¿Pones esos libros sobre el escritorio? (no) _____

3. ¿Traes los pasajes y el pasaporte al aeropuerto? (sí) _____

4. ¿Oyes ese programa de radio a veces (*sometimes*)? (no) _____

5. ¿Conoces a aquellas chicas que están tomando el sol? (sí) _____

6. ¿Pones la televisión mientras (*while*) estudias? (no) _____

2 **El tiempo** Complete these sentences with the most logical verbs from the list. Use each verb once.

cerrar	pedir	poder	querer
comenzar	pensar	preferir	volver

1. Está empezando a hacer frío. Mi mamá _____ comprar un abrigo.

2. Hace mucho sol. (Tú) _____ a buscar tus gafas de sol.

3. Hace fresco. Melissa _____ salir a pasear en bicicleta.

4. Está nevando. (Yo) _____ estar en casa hoy.

5. Está lloviendo. Luis y Pilar _____ las ventanas del auto.

6. Hace mucho calor. Ustedes _____ ir a nadar en la piscina.

7. Está nublado. Los chicos _____ temprano de la playa.

8. Llueve. Los turistas _____ un impermeable en el hotel.

3 **No son éstos** Answer these questions negatively using demonstrative pronouns.

> **modelo**
> ¿Les vas a prestar esos programas a ellos? (*those over there*)
> No, les voy a prestar aquéllos./No, voy a prestarles aquéllos.

1. ¿Me vas a vender esa calculadora? (*this one*)

_____

2. ¿Van ustedes a abrirle ese auto al cliente? (*that one over there*)

_____

3. ¿Va a llevarles estas maletas Marisol? (*those ones*)

_____

4. ¿Les van a enseñar esos verbos a los estudiantes? (*these ones*)

_____

4 **¿*Son o están?*** Form complete sentences using the words provided and **ser** or **estar**.

1. Paloma y Carlos / inteligentes y trabajadores

_____

2. Mariela / cantando una canción bonita

_____

3. (tú) / conductor de taxi en la ciudad

_____

4. (nosotros) / en un hotel en la playa

_____

5. Gilberto / preocupado porque tiene mucho trabajo

_____

6. Roberto y yo / puertorriqueños, de San Juan

_____

5 **La compra** Look at the photo and imagine everything that led up to the woman's purchase. What did she need? Why did she need it? What kind of weather is it for? Where did she decide to go to buy it? Where did she go looking for it? Who helped her, and what did she ask them? Did she bargain with anyone? Was she undecided about anything? How did she pay for the purchase? Who did she pay? Answer these questions in a paragraph, using the preterite of the verbs that you know.

_____

_____

_____

_____

_____

_____

_____

_____

_____

_____

_____

_____

contextos

1 **Las rutinas** Complete each sentence with a word from **Contextos**.

1. Susana se lava el pelo con _____.

2. La ducha y el lavabo están en el _____.

3. Manuel se lava las manos con _____.

4. Después de lavarse las manos, usa la _____.

5. Luis tiene un _____ para levantarse temprano.

6. Elena usa el _____ para maquillarse.

2 **¿En el baño o en la habitación?** Write **en el baño** or **en la habitación** to indicate where each activity takes place.

1. bañarse _____

2. levantarse _____

3. ducharse _____

4. lavarse la cara _____

5. acostarse _____

6. afeitarse _____

7. cepillarse los dientes _____

8. dormirse _____

3 **Ángel y Lupe** Look at the drawings, and choose the appropriate phrase to describe what Ángel and Lupe are doing. Use complete sentences.

| afeitarse por la mañana | cepillarse los dientes después de comer |
| bañarse por la tarde | ducharse antes de salir |

1. _____   2. _____

_____   _____

Lección 7 Contextos Activities   **63**

Nombre _____   Fecha _____

3. _____   4. _____

_____   _____

_____

4 **La palabra diferente** Fill in each blank with the word that doesn't belong in each group.

1. luego, después, más tarde, entonces, antes _____

2. maquillarse, cepillarse el pelo, despertarse, peinarse, afeitarse _____

3. bailar, despertarse, acostarse, levantarse, dormirse _____

4. champú, despertador, jabón, maquillaje, crema de afeitar _____

5. entonces, bañarse, lavarse las manos, cepillarse los dientes, ducharse _____

6. pelo, vestirse, dientes, manos, cara _____

5 **La rutina de Silvia** Rewrite this paragraph, selecting the correct sequencing words from the parentheses.

(Por la mañana, Durante el día) Silvia se prepara para salir. (Primero, Antes de), se levanta y se ducha. (Después, Antes) de ducharse, se viste. (Entonces, Durante) se maquilla. (Primero, Antes) de salir, come algo y bebe un café. (Durante, Por último), se peina y se pone una chaqueta. (Durante el día, Antes de) Silvia no tiene tiempo de volver a su casa. (Más tarde, Antes de), come algo en la cafetería de la escuela y estudia en la biblioteca. (Por la tarde, Por último), Silvia trabaja en el centro comercial. (Por la noche, Primero) llega a su casa y está cansada. (Más tarde, Después), su madre le prepara algo de comer y Silvia mira la televisión un rato. (Antes de, Después de) acostarse a dormir, siempre estudia un rato.

_____

_____

_____

_____

_____

_____

_____

_____

_____

_____

_____

contextos

1 Describir For each drawing, you will hear two statements. Choose the one that corresponds to the drawing.

1. a.   b.   2. a.   b.

11:05 p.m.

3. a.   b.   4. a.   b.

2 Preguntas Clara is going to baby-sit your nephew. Answer her questions about your nephew's daily routine using the cues. Repeat the correct response after the speaker.

> **modelo**
>
> *You hear:* ¿A qué hora va a la escuela?
> *You see:* 8:30 a.m.
> *You say:* Va a la escuela a las ocho y media de la mañana.

1. 7:00 a.m.
2. se lava la cara
3. por la noche

4. champú para niños
5. 9:00 p.m.
6. después de comer

3 Entrevista Listen to this interview. Then read the statements and decide whether they are **cierto** or **falso**.

	Cierto	Falso
1. Sergio Santos es jugador de fútbol.	○	○
2. Sergio se levanta a las 5:00 a.m.	○	○
3. Sergio se ducha por la mañana y por la noche.	○	○
4. Sergio se acuesta a las 11:00 p.m.	○	○

¡Necesito arreglarme!   Lección 7

Antes de ver el vidco

1   **En el baño** In this episode, Marissa, Felipe, and Jimena want to get ready at the same time. What do you think they might say?

_____

_____

_____

_____

_____

_____

_____

Mientras ves el video

2   **¿Marissa o Felipe?** Watch **¡Necesito arreglarme!** and put a check mark in a column to show whether the plans are Marissa's or Felipe's.

Actividad	Marissa	Felipe
1. ir al cine	_____	_____
2. afeitarse	_____	_____
3. ir al café a molestar a su amigo	_____	_____
4. arreglarse el pelo	_____	_____
5. ir al café con Juan Carlos	_____	_____

3   **Ordenar** Number the following events from one to six, in the order they occurred.

_____ a. Jimena termina de maquillarse.

_____ b. Todos quieren usar el espejo al mismo tiempo.

_____ c. Marissa quiere entrar al baño y la puerta está cerrada.

_____ d. Las chicas comparten el espejo.

_____ e. Marissa busca una toalla.

_____ f. Felipe entra al baño.

4   **Completar** Fill in the blanks.

1. **FELIPE**   Cada vez que quiero usar el _____, una de ustedes está aquí.

2. **JIMENA**   Me estoy _____ la cara.

3. **MARISSA** ¡_____ debe estudiar los viernes!

4. **JIMENA**   ¿Por qué no te _____ por la mañana?

5. **FELIPE**   Siempre hay _____ en vivo.

Después de ver el video

5 Preguntas Answer these questions in Spanish.

1. ¿Qué está haciendo Jimena cuando Marissa quiere entrar al baño?

_____

2. ¿Por qué Jimena quiere maquillarse primero?

_____

3. ¿Por qué se quiere afeitar Felipe?

_____

4. ¿Cómo es el café adonde van a ir Felipe y Juan Carlos?

_____

5. ¿Por qué Marissa quiere arreglarse?

_____

6. ¿Cuándo fue la última vez que Jimena vio a Juan Carlos?

_____

6 Preguntas personales Answer these questions in Spanish.

1. ¿A qué hora te levantas durante la semana? ¿Y los fines de semana?

_____

_____

2. ¿Te gusta más bañarte o ducharte? ¿Por qué?

_____

3. ¿Cuántas veces por día (*How many times a day*) te cepillas los dientes?

_____

4. ¿Te lavas el pelo todos los días (*every day*)? ¿Por qué?

_____

5. ¿Cómo cambia tu rutina los días que vas a la escuela y los fines de semana?

_____

7 Escribir Describe in Spanish what happened, from the point of view of Jimena, Marissa, or Felipe.

_____

_____

_____

_____

_____

pronunciación

Lección 7

The consonant r

In Spanish, **r** has a strong trilled sound at the beginning of a word. No English words have a trill, but English speakers often produce a trill when they imitate the sound of a motor.

    ropa   **r**utina   **r**ico   **R**amón

In any other position, **r** has a weak sound similar to the English *tt* in *better* or the English *dd* in *ladder*. In contrast to English, the tongue touches the roof of the mouth behind the teeth.

    gusta**r**   du**r**ante   p**r**ime**r**o   c**r**ema

The letter combination **rr**, which only appears between vowels, always has a strong trilled sound.

    piza**rr**a   co**rr**o   ma**rr**ón   abu**rr**ido

Between vowels, the difference between the strong trilled **rr** and the weak **r** is very important, as a mispronunciation could lead to confusion between two different words.

    caro   carro   pero   perro

1 **Práctica** Repeat each word after the speaker to practice the **r** and the **rr**.

1. Perú	5. comprar	9. Arequipa
2. Rosa	6. favor	10. tarde
3. borrador	7. rubio	11. cerrar
4. madre	8. reloj	12. despertador

2 **Oraciones** When you hear the number, read the corresponding sentence aloud, focusing on the **r** and **rr** sounds. Then listen to the speaker and repeat the sentence.

1. Ramón Robles Ruiz es programador. Su esposa Rosaura es artista.

2. A Rosaura Robles le encanta regatear en el mercado.

3. Ramón nunca regatea… le aburre regatear.

4. Rosaura siempre compra cosas baratas.

5. Ramón no es rico, pero prefiere comprar cosas muy caras.

6. ¡El martes Ramón compró un carro nuevo!

3 **Refranes** Repeat each saying after the speaker to practice the **r** and the **rr**.

1. Perro que ladra no muerde.

2. No se ganó Zamora en una hora.

4 **Dictado** You will hear seven sentences. Each will be said twice. Listen carefully and write what you hear.

1. _____

2. _____

3. _____

4. _____

5. _____

6. _____

7. _____

estructura

7.1 Reflexive verbs

1   **Completar** Complete each sentence with the correct present tense forms of the verb in parentheses.

1. Marcos y Gustavo _____ (enojarse) con Javier.

2. Mariela _____ (sentirse) feliz.

3. (yo) _____ (acostarse) temprano porque tengo clase por la mañana.

4. Los jugadores _____ (secarse) con toallas nuevas.

5. (tú) _____ (preocuparse) por tu novio porque siempre pierde las cosas.

6. Usted _____ (lavarse) la cara con un jabón especial.

7. Mi mamá _____ (ponerse) muy contenta cuando llego temprano a casa.

2   **Lo hiciste** Answer the questions affirmatively, using complete sentences.

1. ¿Te cepillaste los dientes después de comer?

_____

2. ¿Se maquilla Julia antes de salir a bailar?

_____

3. ¿Se duchan ustedes antes de nadar en la piscina?

_____

4. ¿Se ponen sombreros los turistas cuando van a la playa?

_____

5. ¿Nos ponemos las pantuflas cuando llegamos a casa?

_____

3   **Terminar** Complete each sentence with the correct reflexive verbs. You will use some verbs more than once.

acordarse	cepillarse	enojarse	maquillarse
acostarse	dormirse	levantarse	quedarse

1. Mi mamá _____ porque no queremos _____ temprano.

2. La profesora _____ con nosotros cuando no _____ de los verbos.

3. Mi hermano _____ los dientes cuando _____.

4. Mis amigas y yo _____ estudiando en la biblioteca por la noche y por la mañana yo

_____ muy cansada.

5. Muchas noches _____ delante del televisor, porque no quiero _____.

4 **Escoger** Choose the correct verb from the parentheses, then fill in the blank with its correct form.

1. (lavar/lavarse)

   Josefina _____ las manos en el lavabo.

   Josefina _____ la ropa de su amiga.

2. (peinar/peinarse)

   (yo) _____ a mi hermana todas las mañanas.

   (yo) _____ en el baño, delante del espejo.

3. (poner/ponerse)

   (nosotros) _____ nerviosos antes de un examen.

   (nosotros) _____ la toalla al lado de la ducha.

4. (levantar/levantarse)

   Los estudiantes _____ muy temprano.

   Los estudiantes _____ la mano y hacen preguntas.

5 **El incidente** Complete the paragraph with reflexive verbs from the word bank. Use each verb only once.

acordarse	enojarse	levantarse	preocuparse
afeitarse	irse	maquillarse	quedarse
despertarse	lavarse	ponerse	vestirse

Luis (1) _____ todos los días a las seis de la mañana. Luego entra en la

ducha y (2) _____ el pelo con champú. Cuando sale de la ducha, usa la crema de

afeitar para (3) _____ delante del espejo. Come algo con su familia y él y sus

hermanos (4) _____ hablando un rato.

Cuando sale tarde, Luis (5) _____ porque no quiere llegar tarde a la clase de

español. Los estudiantes (6) _____ nerviosos porque a veces (*sometimes*) tienen

pruebas sorpresa en la clase.

Ayer por la mañana, Luis (7) _____ con su hermana Marina porque ella

(8) _____ tarde y pasó mucho tiempo en el cuarto de baño con la puerta cerrada.

—¿Cuándo sales, Marina? —le preguntó Luis.

—¡Tengo que (9) _____ porque voy a salir con mi novio y quiero estar bonita!
—dijo Marina.

—¡Tengo que (10) _____ ya, Marina! ¿Cuándo terminas?

—Ahora salgo, Luis. Tengo que (11) _____. Me voy a poner mi vestido favorito.

—Tienes que (12) _____ de que viven muchas personas en esta casa, Marina.

Nombre _____ Fecha _____

estructura

7.1 Reflexive verbs

1 **Describir** For each drawing, you will hear two statements. Choose the one that corresponds to the drawing.

1. a. _____ b. _____   2. a. _____ b. _____

3. a. _____ b. _____   4. a. _____ b. _____

2 **Preguntas** Answer each question you hear in the affirmative. Repeat the correct response after the speaker. (7 *items*)

> **modelo**
> ¿Se levantó temprano Rosa?
> Sí, Rosa se levantó temprano.

3 **¡Esto fue el colmo! (*The last straw!*)** Listen as Julia describes what happened in her dorm yesterday. Then choose the correct ending for each statement.

1. Julia se ducha en cinco minutos porque...
   a. siempre se levanta tarde.   b. las chicas de su piso comparten un cuarto de baño.
2. Ayer la chica nueva...
   a. se quedó dos horas en el baño.   b. se preocupó por Julia.
3. Cuando salió, la chica nueva...
   a. se enojó mucho.   b. se sintió (*felt*) avergonzada.

estructura 7.1

Estudiante 1

8 **La familia ocupada** (student text p. 239) Tú y tu compañero/a asisten a un programa de verano en Lima, Perú. Viven con la familia Ramos. Tienes la rutina incompleta que la familia sigue en las mañanas. Trabaja con tu compañero/a para completarla.

> **modelo**
> **Estudiante 1:** ¿Qué hace el señor Ramos a las seis y cuarto?
> **Estudiante 2:** El señor Ramos se levanta.

	El Sr. Ramos	La Sra. Ramos	Pepito y Pablo	Sara y nosotros/as
6:15		levantarse	dormir	
6:30	ducharse	peinarse		dormir
6:45			dormir	
7:00	despertar a Sara	maquillarse		
7:15			levantarse	peinarse
7:30	desayunar		bañarse	
7:45	lavar los platos			desayunar
8:00		irse con Pepito y Pablo		ir al campamento de verano (summer camp)
8:15	ir al trabajo		jugar con su primo	

estructura 7.1

Estudiante 2

8 **La familia ocupada** (student text p. 239) Tú y tu compañero/a asisten a un programa de verano en Lima, Perú. Viven con la familia Ramos. Tienes la rutina incompleta que la familia sigue en las mañanas. Trabaja con tu compañero/a para completarla.

> **modelo**
> **Estudiante 1:** ¿Qué hace el señor Ramos a las seis y cuarto?
> **Estudiante 2:** El señor Ramos se levanta.

	El Sr. Ramos	La Sra. Ramos	Pepito y Pablo	Sara y nosotros/as
6:15	levantarse			dormir
6:30			dormir	
6:45	afeitarse	ducharse		dormir
7:00			dormir	levantarse
7:15	preparar el café	despertar a Pepito y a Pablo		
7:30		bañar a Pepito y a Pablo		ducharse
7:45		desayunar	desayunar	
8:00	llevar a Sara y a nosotros/as al campamento de verano (summer camp)		irse con su mamá	
8:15		visitar a su hermana		nadar

Lección 7 Communication Activities

Communication Activities

73

Lección 7

7.2 Indefinite and negative words

1 **Alguno o ninguno** Complete the sentences with indefinite and negative words from the word bank.

alguien	algunas	ninguna
alguna	ningún	tampoco

1. No tengo ganas de ir a _____ lugar hoy.

2. ¿Tienes _____ ideas para mejorar (*to improve*) la economía?

3. ¿Viene _____ a la fiesta de mañana?

4. No voy a _____ estadio nunca.

5. ¿Te gusta _____ de estas corbatas?

6. Jorge, tú no eres el único. Yo _____ puedo ir de vacaciones.

2 **Estoy de mal humor** Your classmate Jaime is in a terrible mood. Complete his complaints with negative words.

1. No me gustan estas gafas. _____ quiero comprar _____ de ellas.

2. Estoy muy cansado. _____ quiero ir a _____ restaurante.

3. No tengo hambre. _____ quiero comer _____.

4. A mí no me gusta la playa. _____ quiero ir a la playa _____.

5. Soy muy tímido. _____ hablo con _____ _____.

6. No me gusta el color rojo, _____ el color rosado _____.

3 **¡Amalia!** Your friend Amalia is chronically mistaken. Change her statements as necessary to correct her; each statement should be negative.

> **modelo**
> Buscaste algunos vestidos en la tienda.
> *No busqué ningún vestido en la tienda.*

1. Las dependientas venden algunas blusas.

_____

2. Alguien va de compras al centro comercial.

_____

3. Siempre me cepillo los dientes antes de salir.

_____

4. Te voy a traer algún programa de computadora.

_____

5. Mi hermano prepara algo de comer.

_____

6. Quiero tomar algo en el café de la librería.

_____

4   **No, no es cierto** Now your friend Amalia realizes that she's usually wrong and is asking you for the correct information. Answer her questions negatively.

> **modelo**
>
> ¿Comes siempre en casa?
> No, nunca como en casa./No, no como en casa nunca.

1. ¿Tienes alguna falda?

_____

2. ¿Sales siempre los fines de semana?

_____

3. ¿Quieres comer algo ahora?

_____

4. ¿Le prestaste algunos discos de jazz a César?

_____

5. ¿Podemos ir a la playa o nadar en la piscina?

_____

6. ¿Encontraste algún cinturón barato en la tienda?

_____

7. ¿Buscaron ustedes a alguien en la playa?

_____

8. ¿Te gusta alguno de estos trajes?

_____

_____

5   **Lo opuesto** Rodrigo's good reading habits have changed since this description was written. Rewrite the paragraph, changing the affirmative words to negative ones.

Rodrigo siempre está leyendo algún libro. También lee el periódico. Siempre lee algo. Alguien le pregunta si leyó una novela de Mario Vargas Llosa. Leyó algunos libros de Vargas Llosa el año pasado. También leyó algunas novelas de Gabriel García Márquez. Siempre quiere leer o libros de misterio o novelas fantásticas.

_____

_____

_____

_____

_____

_____

_____

7.2 Indefinite and negative words

1 **¿Lógico o ilógico?** You will hear some questions and the responses. Decide if they are **lógico** or **ilógico**.

	Lógico	Ilógico			Lógico	Ilógico
1.	○	○		5.	○	○
2.	○	○		6.	○	○
3.	○	○		7.	○	○
4.	○	○		8.	○	○

2 **¿Pero o sino?** You will hear some sentences with a beep in place of a word. Decide if **pero** or **sino** should complete each sentence and circle it.

> **modelo**
>
> *You hear:* Ellos no viven en Lima, (*beep*) en Arequipa.
> *You circle:* **sino** because the sentence is **Ellos no viven en Lima, sino en Arequipa.**

1.	pero	sino		5.	pero	sino
2.	pero	sino		6.	pero	sino
3.	pero	sino		7.	pero	sino
4.	pero	sino		8.	pero	sino

3 **Transformar** Change each sentence you hear to say the opposite is true. Repeat the correct answer after the speaker. (*5 items*)

> **modelo**
>
> Nadie se ducha ahora.
> *Alguien se ducha ahora.*

4 **Preguntas** Answer each question you hear in the negative. Repeat the correct response after the speaker. (*6 items*)

> **modelo**
>
> ¿Qué estás haciendo?
> *No estoy haciendo nada.*

5 **Entre amigos** Listen to this conversation between Felipe and Mercedes. Then decide whether the statements are **cierto** or **falso**.

	Cierto	Falso
1. No hay nadie en la residencia.	○	○
2. Mercedes quiere ir al Centro Estudiantil.	○	○
3. Felipe tiene un amigo peruano.	○	○
4. Mercedes no visitó ni Machu Picchu ni Cuzco.	○	○
5. Felipe nunca visitó Perú.	○	○

estructura 7.2

Síntesis

7

Encuesta (student text p. 243) Circula por la clase y pídeles a tus compañeros/as que comparen las actividades que hacen durante la semana con las que hacen durante los fines de semana. Escribe las respuestas.

modelo

Tú: ¿Te acuestas tarde los fines de semana?

Susana: Me acuesto tarde algunas veces los fines de semana, pero nunca durante la semana.

Actividades	Nombres de tus compañeros/as	Siempre	Nunca	Algunas veces
1. acostarse tarde				
2. comer en un restaurante				
3. irse a casa				
4. ir al mercado o al centro comercial				
5. ir de compras con algunos amigos				
6. levantarse temprano				
7. limpiar (*to clean*) su cuarto				
8. mirar la televisión				
9. pasear en bicicleta				
10. quedarse en su cuarto por la noche				
11. salir con alguien				
12. sentarse a leer periódicos o revistas				

7.3 Preterite of **ser** and **ir**

1 ***¿Ser o ir?*** Complete the sentences with the preterite of **ser** or **ir**. Then write the infinitive form of the verb you used.

1. Ayer María y Javier _____ a la playa con sus amigos. _____

2. La película del sábado por la tarde _____ muy bonita. _____

3. El fin de semana pasado (nosotros) _____ al centro comercial. _____

4. La abuela y la tía _____ muy buenas doctoras. _____

5. (nosotros) _____ muy simpáticos con la familia de Claribel. _____

6. Manuel _____ a la nueva escuela en septiembre. _____

7. Los vendedores _____ al almacén muy temprano. _____

8. Lima _____ la primera parada (*stop*) de nuestro viaje. _____

9. (yo) _____ a buscarte a la cafetería, pero no te encontré. _____

10. Mi compañera de clase _____ a la tienda a comprar champú. _____

2 **Viaje a Perú** Complete the paragraph with the preterite of **ser** and **ir**. Then fill in the chart with the infinitive form of the verbs you used.

El mes pasado mi madre y yo (1) _____ de vacaciones a Perú. El vuelo

(*flight*) (2) _____ un miércoles por la mañana y (3) _____

cómodo. Primero, mi madre y yo (4) _____ a Lima y (5) _____

a comer a un restaurante de comida peruana. La comida (6) _____ muy buena.

Luego (7) _____ al hotel y nos (8) _____ a dormir. El

jueves (9) _____ un día nublado. Nos (10) _____ a Cuzco,

y el viaje en autobús (11) _____ largo. Yo (12) _____

la primera en despertarse y ver la ciudad de Cuzco. Aquella mañana, el paisaje

(13) _____ impresionante. Luego mi madre y yo (14) _____

de excursión a Machu Picchu. El cuarto día nos levantamos muy temprano y

(15) _____ a la ciudad inca. El amanecer sobre Machu Picchu

(16) _____ hermoso. La excursión (17) _____ una

experiencia inolvidable (*unforgettable*). ¿(18) _____ tú a Perú en el pasado?

1. _____   7. _____   13. _____
2. _____   8. _____   14. _____
3. _____   9. _____   15. _____
4. _____   10. _____   16. _____
5. _____   11. _____   17. _____
6. _____   12. _____   18. _____

7.3 Preterite of **ser** and **ir**

 Escoger Listen to each sentence and indicate whether the verb is a form of **ser** or **ir**.

1. ser ir
2. ser ir
3. ser ir
4. ser ir

5. ser ir
6. ser ir
7. ser ir
8. ser ir

2 **Cambiar** Change each sentence from the present to the preterite. Repeat the correct answer after the speaker. (*8 items*)

> **modelo**
>
> Ustedes van en avión.
> *Ustedes fueron en avión.*

3 **Preguntas** Answer each question you hear using the cue. Repeat the correct response after the speaker.

> **modelo**
>
> *You hear:* ¿Quién fue tu profesor de química?
> *You see:* el señor Ortega
> *You say:* El señor Ortega fue mi profesor de química.

1. al mercado al aire libre
2. muy buenas
3. no

4. fabulosa
5. al parque
6. difícil

4 **¿Qué hicieron (*did they do*) anoche?** Listen to this telephone conversation and answer the questions.

1. ¿Adónde fue Carlos anoche?

_____

2. ¿Cómo fue el partido? ¿Por qué?

_____

3. ¿Adónde fueron Katarina y Esteban anoche?

_____

4. Y Esteban, ¿qué hizo (*did he do*) allí?

_____

7.4 Verbs like gustar

1 **La fotonovela** Rewrite each sentence, choosing the correct form of the verb in parentheses.

1. Maru, te (quedan, queda) bien las faldas y los vestidos.

_____

2. A Jimena y a Juan Carlos no les (molesta, molestan) la lluvia.

_____

3. A los chicos no les (importa, importan) ir de compras.

_____

4. A don Diego y a Felipe les (aburre, aburren) probarse ropa en las tiendas.

_____

5. A Jimena le (fascina, fascinan) las tiendas y los almacenes.

_____

6. A Felipe le (falta, faltan) dos años para terminar la carrera (*degree*).

_____

7. A los chicos les (encanta, encantan) pescar y nadar en el mar.

_____

8. A Miguel le (interesan, interesa) el arte.

_____
_____

2 **Nos gusta el fútbol** Complete the paragraph with the correct present tense forms of the verbs in parentheses.

A mi familia le (1) _____ (fascinar) el fútbol. A mis hermanas les

(2) _____ (encantar) los jugadores porque son muy guapos. También les

(3) _____ (gustar) la emoción (*excitement*) de los partidos. A mi papá le

(4) _____ (interesar) mucho los partidos y, cuando puede, los ve por

Internet. A mi mamá le (5) _____ (molestar) nuestra afición porque no hacemos

las tareas de la casa cuando hay partidos. A ella generalmente le (6) _____

(aburrir) los partidos. Pero cuando al equipo argentino le (7) _____ (faltar) un

gol para ganar, le (8) _____ (encantar) los minutos finales del partido.

3 **El viaje** You and your uncle are packing and planning your upcoming vacation to the Caribbean. Rewrite his sentences, substituting the direct object with the one in parentheses. Make all the necessary changes.

modelo

> A mis amigos les fascinan los partidos de béisbol. (la comida peruana)
> A mis amigos les fascina la comida peruana.

1. Te quedan bien las gafas de sol. (el sombrero verde)

_____

2. Les molesta la música estadounidense. (las canciones populares)

_____

3. ¿No te interesa aprender a bailar salsa? (nadar)

_____

4. Les encantan las tiendas. (el centro comercial)

_____

5. Nos falta practicar el español. (unas semanas de clase)

_____

6. No les importa esperar un rato. (buscar unos libros nuestros)

_____

4 **¿Qué piensan?** Complete the sentences with the correct pronouns and forms of the verbs in parentheses.

1. A mí _____ (encantar) las películas de misterio.

2. A Gregorio _____ (molestar) mucho la nieve y el frío.

3. A ustedes _____ (faltar) un libro de esa colección.

4. ¿_____ (quedar) bien los sombreros a ti?

5. A ella no _____ (importar) las apariencias (*appearances*).

6. A mí los deportes por televisión _____ (aburrir) mucho.

5 **Mi rutina diaria** Answer these questions using verbs like **gustar** in complete sentences.

1. ¿Te molesta levantarte temprano durante la semana?

_____

2. ¿Qué te interesa hacer por las mañanas?

_____

3. ¿Te importa despertarte temprano los fines de semana?

_____

4. ¿Qué te encanta hacer los domingos?

_____

Lección 7 Estructura Activities

Lección 7

Síntesis

Interview a friend or relative about an interesting vacation he or she took. Then, gather the answers into a report. Use verbs like **gustar**, reflexive verbs, the preterite of **ser** and **ir**, and lesson vocabulary to answer the following questions:

• What did he or she like or love about the vacation? What interested him or her?

• Where did he or she stay, what were the accommodations like, and what was his or her daily routine like during the trip?

• Where did he or she go, what were the tours like, what were the tour guides like, and what were his or her travelling companions like?

• What bothered or angered him or her? What bored him or her during the vacation?

Be sure to address both the negative and positive aspects of the vacation.

_____

_____

_____

_____

_____

_____

_____

_____

_____

_____

_____

_____

_____

_____

_____

_____

_____

_____

_____

7.4 Verbs like **gustar**

1 **Escoger** Listen to each question and choose the most logical response.

1. a. Sí, me gusta.   b. Sí, te gusta.
2. a. No, no le interesa.   b. No, no le interesan.
3. a. Sí, les molestan mucho. b. No, no les molesta mucho.
4. a. No, no nos importa.   b. No, no les importa.
5. a. Sí, le falta.   b. Sí, me falta.
6. a. Sí, les fascina.   b. No, no les fascinan.

2 **Cambiar** Form a new sentence using the cue you hear. Repeat the correct answer after the speaker. (6 *items*)

> modelo
> A ellos les interesan las ciencias. (a Ricardo)
> A Ricardo le interesan las ciencias.

3 **Preguntas** Answer each question you hear using the cue. Repeat the correct response after the speaker.

> modelo
> *You hear:* ¿Qué te encanta hacer?
> *You see:* patinar en línea
> *You say:* Me encanta patinar en línea.

1. la familia y los amigos   4. $2,00   7. no / nada
2. sí   5. el baloncesto y el béisbol   8. sí
3. las computadoras   6. no

4 **Preferencias** Listen to this conversation. Then fill in the chart with Eduardo's preferences and answer the question.

Le gusta	No le gusta

¿Qué van a hacer los chicos esta tarde? _____

_____

vocabulario

You will now hear the vocabulary found in your textbook on the last page of this lesson. Listen and repeat each Spanish word or phrase after the speaker.

estructura 7.4

Estudiante 1

6

La residencia (student text p. 249) Tú y tu compañero/a de clase son los directores de una residencia estudiantil en Perú. Cada uno de ustedes tiene las descripciones de cinco estudiantes. Con la información tienen que escoger (*choose*) quiénes van a ser compañeros de cuarto. Después, completen la lista.

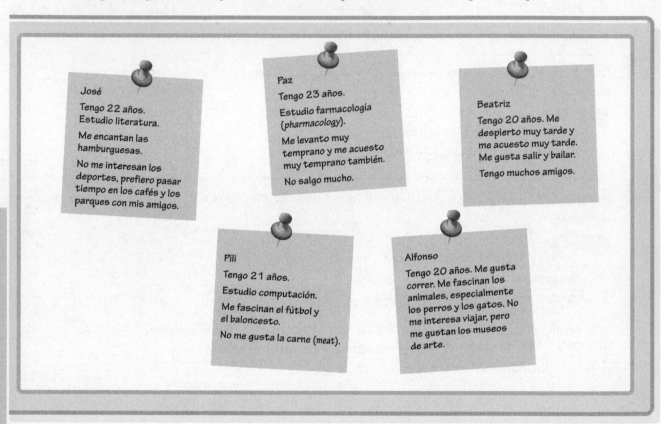

José
Tengo 22 años.
Estudio literatura.
Me encantan las hamburguesas.
No me interesan los deportes, prefiero pasar tiempo en los cafés y los parques con mis amigos.

Paz
Tengo 23 años.
Estudio farmacología (*pharmacology*).
Me levanto muy temprano y me acuesto muy temprano también.
No salgo mucho.

Beatriz
Tengo 20 años. Me despierto muy tarde y me acuesto muy tarde. Me gusta salir y bailar.
Tengo muchos amigos.

Pili
Tengo 21 años.
Estudio computación.
Me fascinan el fútbol y el baloncesto.
No me gusta la carne (*meat*).

Alfonso
Tengo 20 años. Me gusta correr. Me fascinan los animales, especialmente los perros y los gatos. No me interesa viajar, pero me gustan los museos de arte.

1. Habitación 201: _____ y _____

    ¿Por qué? _____

2. Habitación 202: _____ y _____

    ¿Por qué? _____

3. Habitación 203: _____ y _____

    ¿Por qué? _____

4. Habitación 204: _____ y _____

    ¿Por qué? _____

5. Habitación 205: _____ y _____

    ¿Por qué? _____

estructura 7.4

Estudiante 2

6 **La residencia** (student text p. 249) Tú y tu compañero/a de clase son los directores de una residencia estudiantil en Perú. Cada uno de ustedes tiene las descripciones de cinco estudiantes. Con la información tienen que escoger (*choose*) quiénes van a ser compañeros de cuarto. Después, completen la lista.

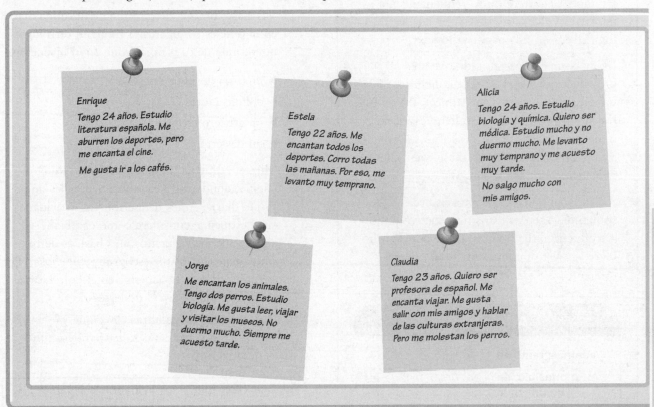

Enrique
Tengo 24 años. Estudio literatura española. Me aburren los deportes, pero me encanta el cine.
Me gusta ir a los cafés.

Estela
Tengo 22 años. Me encantan todos los deportes. Corro todas las mañanas. Por eso, me levanto muy temprano.

Alicia
Tengo 24 años. Estudio biología y química. Quiero ser médica. Estudio mucho y no duermo mucho. Me levanto muy temprano y me acuesto muy tarde.
No salgo mucho con mis amigos.

Jorge
Me encantan los animales. Tengo dos perros. Estudio biología. Me gusta leer, viajar y visitar los museos. No duermo mucho. Siempre me acuesto tarde.

Claudia
Tengo 23 años. Quiero ser profesora de español. Me encanta viajar. Me gusta salir con mis amigos y hablar de las culturas extranjeras. Pero me molestan los perros.

1. Habitación 201: _____ y _____

   ¿Por qué? _____

2. Habitación 202: _____ y _____

   ¿Por qué? _____

3. Habitación 203: _____ y _____

   ¿Por qué? _____

4. Habitación 204: _____ y _____

   ¿Por qué? _____

5. Habitación 205: _____ y _____

   ¿Por qué? _____

Communication Activities

escritura

Estrategia
Sequencing events

Paying strict attention to sequencing in a narrative will ensure that your writing flows logically from one part to the next.

Every composition should have an introduction, a body, and a conclusion. The introduction presents the subject, the setting, the situation, and the people involved. The main part, or the body, describes the events and people's reactions to these events. The conclusion brings the narrative to a close.

Adverbs and adverbial phrases are sometimes used as transitions between the introduction, the body, and the conclusion. Here is a list of commonly used adverbs in Spanish:

Adverbios

además; también	*in addition; also*
al principio; en un principio	*at first*
antes (de)	*before*
después	*then*
después (de)	*after*
entonces; luego	*then*
más tarde	*later*
primero	*first*
pronto	*soon*
por fin, finalmente	*finally*
al final	*finally*

Tema
Escribe tu rutina

Antes de escribir

1. Vas a escribir una descripción de tu rutina diaria en uno de estos lugares, o en algún otro lugar interesante de tu propia (*your own*) invención:

   ► una isla desierta
   ► el Polo Norte
   ► un crucero (*cruise*) transatlántico
   ► un desierto

2. Mira el esquema (*diagram*) en la próxima página, donde vas a escribir los detalles de tu rutina diaria. Antes de escribir tus actividades en el esquema, considera cómo cambian algunos de los elementos más básicos de tu rutina en el lugar que escogiste (*you chose*). Por ejemplo, ¿dónde te acuestas en el Polo Norte? ¿Cómo te duchas en el desierto?

3. Haz una lista de palabras clave que ya conoces o que necesitas saber para escribir tu descripción.

Palabras clave que ya conozco	Palabras clave que necesito saber

4. Ahora completa el esquema. Escribe detalles sobre el lugar y sobre las personas de ese lugar en el círculo marcado **Introducción**. Luego usa verbos reflexivos para escribir seis actividades diarias en su secuencia normal en los seis cuadros (*boxes*). Finalmente, escribe detalles sobre tus opiniones del lugar y de tu vida allí en el círculo marcado **Conclusión**.

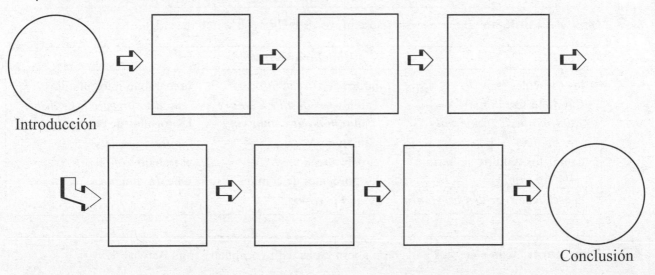

Introducción

Conclusión

5. Ahora, mira el esquema otra vez. ¿Qué adverbios puedes añadir al esquema para acentuar la secuencia de las actividades? Escríbelos encima de (*above*) cada cuadro del esquema.

Escribir

Usa el esquema y la lista de palabras clave para escribir tu narración. La narración debe tener una introducción (la información del primer círculo del esquema), una parte central (las actividades de los ocho cuadros) y una conclusión (la información del segundo círculo). También debes incluir los adverbios que escribiste encima de los cuadros para indicar la secuencia de las actividades.

Después de escribir

1. Intercambia tu borrador (*rough draft*) con un(a) compañero/a. Coméntalo y contesta estas preguntas.

   ▶ ¿Escribió tu compañero/a una introducción con detalles sobre el lugar y las personas de ese lugar?

   ▶ ¿Escribió tu compañero/a una parte central con ocho actividades de su rutina diaria?

   ▶ ¿Usó tu compañero/a adverbios para indicar la secuencia de las actividades?

   ▶ ¿Escribió tu compañero/a una conclusión con sus opiniones del lugar y de su vida allí?

   ▶ ¿Usó tu compañero/a correctamente los verbos reflexivos?

   ▶ ¿Qué detalles añadirías (*would you add*)? ¿Qué detalles quitarías (*would you delete*)? ¿Qué otros comentarios tienes para tu compañero/a?

2. Revisa tu narración según los comentarios de tu compañero/a. Después de escribir la versión final, léela otra vez para eliminar errores de:

   ▶ ortografía (*spelling*)

   ▶ puntuación

   ▶ uso de letras mayúsculas (*capital*) y minúsculas (*lowercase*)

   ▶ concordancia (*agreement*) entre sustantivos (*nouns*) y adjetivos

   ▶ uso de verbos reflexivos

   ▶ uso de verbos en el presente de indicativo (*present tense*)

Tapas para todos los días

Antes de ver el video

1 **Más vocabulario** Look over these useful words before you watch the video.

Vocabulario útil		
los caracoles *snails*	informal *casual, informal*	preparaban unos platillos
Cataluña *Catalonia (an*	País Vasco *Basque Country*	*used to prepare little dishes*
autonomous community	*(autonomous community*	las tortillas de patata *Spanish*
in Spain)	*in Spain)*	*potato omelets*
contar los palillos *counting*	el pan *bread*	el trabajo *job; work*
the toothpicks	las porciones de comida	único/a *unique*
la escalivada *grilled vegetables*	*food portions*	

2 **Completar** Complete this paragraph about **tapas** with vocabulary from Activity 1.

Las tapas son pequeñas (1)_____ que se sirven en bares y restaurantes de España.
Hay diferentes tipos de tapas: los (2)_____ y las (3)_____ son
algunos ejemplos. En algunos bares, los camareros (*waiters*) traen la comida, pero en lugares más
(4)_____ el cliente toma las tapas en la barra (*bar*). Es muy común salir solo o con
amigos a tomar tapas después del trabajo. Sin duda, ¡salir de tapas en España es una experiencia
fantástica y (5)_____!

3 **¡En español!** Look at the video still. Imagine what Mari Carmen will say about **tapas** in Barcelona, and write a two- or three-sentence introduction to this episode.

Mari Carmen, España

¡Hola! Hoy estamos en Barcelona. Esta bonita ciudad... _____

_____

_____

_____

_____

Mientras ves el video

4 **Montaditos** Indicate whether these statements about **montaditos** are **cierto** or **falso**.

1. Los cajeros cuentan los palillos para saber cuánto deben pagar los clientes. _____

2. Los montaditos son informales. _____

3. Los montaditos son caros. _____

4. Los montaditos se preparan siempre con pan. _____

5. Hay montaditos en bares al aire libre solamente. _____

5 **Completar** (03:13–03:29) Watch these people talk about **tapas**, and complete this conversation.

MARI CARMEN ¿Cuándo sueles venir a (1)_____ tapas?

HOMBRE Generalmente (2)_____ del trabajo. Cuando al salir de trabajar

(3)_____ hambre, vengo (4)_____.

MARI CARMEN ¿Y vienes solo, vienes con amigos o da igual (*doesn't it matter*)?

HOMBRE Da igual. Si alguien (5)_____ conmigo, mejor; y si no, vengo solo.

Después de ver el video

6 **¿Cierto o falso?** Indicate whether these statements are **cierto** or **falso**.

1. Mari Carmen pasea en motocicleta por el centro de Barcelona. _____

2. Mari Carmen entrevista a personas sobre sus hábitos después de salir del trabajo._____

3. Una versión sobre el origen de las tapas dice que un rey (*king*) necesitaba (*needed*) comer pocas

   veces al día. _____

4. Los restaurantes elegantes y caros sirven montaditos. _____

5. La tradición del montadito proviene (*comes from*) del País Vasco. _____

6. Los pinchos son sólo platos fríos. _____

7 **Un día en la vida de...** Select one of these people and imagine a typical workday. Consider his or her daily routine as well as the time he or she gets up, goes to work, spends with friends, goes back home, and goes to sleep. Use the words provided.

más tarde	se acuesta	se levanta
por la noche	se cepilla los dientes	va al trabajo

_____

_____

_____

_____

_____

_____

panorama

Perú

1 **Datos de Perú** Complete the sentences with the correct words.

1. _____ es la capital de Perú y _____ es la segunda ciudad más poblada.

2. _____ es un puerto muy importante en el río Amazonas.

3. El barrio bohemio de la ciudad de Lima se llama _____.

4. Hiram Bingham descubrió las ruinas de _____ en los Andes.

5. Las llamas, alpacas, guanacos y vicuñas son parientes del _____.

6. Las Líneas de _____ son uno de los grandes misterios de la humanidad.

2 **Perú** Fill in the blanks with the names and places described. Then use the words formed by the highlighted boxes to answer the final question.

1. barrio bohemio de Lima
2. animales que se usan para carga y transporte
3. en Perú se habla este idioma
4. capital de Perú
5. montañas de Perú
6. dirección de Machu Picchu desde Cuzco

7. puerto en el río Amazonas
8. animales que dan lana
9. esta civilización peruana dibujó líneas
10. profesión de César Vallejo

¿Por dónde se llega caminando a Machu Picchu?

Se llega por el _____.

3 **Ciudades peruanas** Fill in the blanks with the names of the appropriate cities in Peru.

1. ciudad al sureste (*southeast*) de Cuzco _____

2. se envían productos por el Amazonas _____

3. Museo Oro del Perú _____

4. está a 80 km de Machu Picchu _____

5. ciudad antigua del Imperio inca _____

4 **¿Cierto o falso?** Indicate whether each statement is **cierto** or **falso**. Correct the false statements.

1. Trujillo es un destino popular para los ecoturistas que visitan la selva.

_____

2. Mario Vargas Llosa es un escritor peruano famoso.

_____

3. La Iglesia de San Francisco es notable por la influencia de la arquitectura árabe.

_____

4. Las ruinas de Machu Picchu están en la cordillera de los Andes.

_____

5. Las llamas se usan para la carga y el transporte en Perú.

_____

6. La civilización inca hizo dibujos que sólo son descifrables desde el aire.

_____

5 **El mapa de Perú** Label the map of Peru.

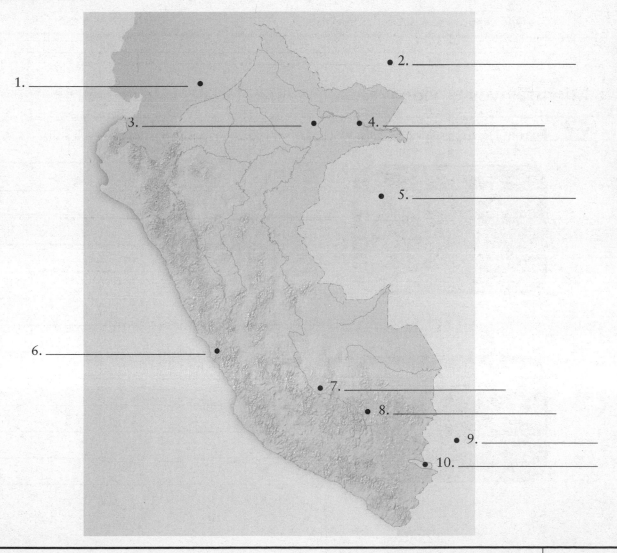

1. _____

2. _____

3. _____

4. _____

5. _____

6. _____

7. _____

8. _____

9. _____

10. _____

Lección 7 Panorama Activities

Panorama: Perú

Antes de ver el video

1 **Más vocabulario** Look over these useful words and expressions before you watch the video.

Vocabulario útil		
canoa *canoe*	exuberante naturaleza	ruta *route, path*
dunas *sand dunes*	*lush countryside*	tabla *board*

2 **Preferencias** In this video you are going to learn about unusual sports. In preparation for watching the video, answer these questions about your interest in sports.

1. ¿Qué deportes practicas?

_____

2. ¿Dónde los practicas?

_____

3. ¿Qué deportes te gusta ver en televisión?

_____

Mientras ves el video

3 **Fotos** Describe the video stills. Write at least three sentences in Spanish for each still.

_____
_____
_____
_____
_____
_____

_____
_____
_____
_____
_____

Después de ver el video

4 **¿Cierto o falso?** Indicate whether each statement is **cierto** or **falso**. Correct the false statements.

1. Pachacamac es el destino favorito para los que pasean en bicicletas de montaña.

_____

2. El *sandboard* es un deporte antiguo en Perú.

_____

3. El *sandboard* se practica en Ocucaje porque en este lugar hay muchos parques.

_____

4. El Camino Inca termina en Machu Picchu.

_____

5. El Camino Inca se puede completar en dos horas.

_____

6. La pesca en pequeñas canoas es un deporte tradicional.

_____

5 **Completar** Complete the sentences with words from the word bank.

aventura	kilómetros	pesca
excursión	llamas	restaurante
exuberante	parque	tradicional

1. En Perú, se practican muchos deportes de _____.

2. Pachacamac está a 31 _____ de Lima.

3. La naturaleza en Santa Cruz es _____.

4. En Perú, uno de los deportes más antiguos es la _____ en pequeñas canoas.

5. Caminar con _____ es uno de los deportes tradicionales en Perú.

6. Santa Cruz es un sitio ideal para ir de _____.

6 **Escribir** Imagine that you just completed the **Camino Inca**. In Spanish, write a short letter to a friend telling him or her about the things you did and saw.

_____

_____

_____

_____

_____

_____

_____

contextos

1 **¿Qué comida es?** Read the descriptions and write the names of the food in the blanks.

1. Son rojos y se sirven (*they are served*) en las ensaladas. _____

2. Se come (*It is eaten*) antes del plato principal; es líquida y caliente (*hot*). _____

3. Son unas verduras anaranjadas, largas y delgadas. _____

4. Hay de naranja y de manzana; se bebe en el desayuno. _____

5. Son dos rebanadas (*slices*) de pan con queso y jamón. _____

6. Es comida rápida; se sirven con hamburguesas y se les pone sal. _____

7. Son pequeños y rosados; viven en el mar. _____

8. Son frutas amarillas; con ellas, agua y azúcar se hace una bebida de verano. _____

2 **Categorías** Categorize the foods listed in the word bank.

aceite	camarones	hamburguesas	maíz	papas	salchichas
arvejas	cebollas	jamón	mantequilla	peras	salmón
atún	champiñones	langosta	manzanas	pimienta	uvas
azúcar	chuletas de	leche	mayonesa	pollo	vinagre
bananas	cerdo	lechuga	melocotones	queso	yogur
bistec	espárragos	limones	naranjas	sal	zanahorias

Verduras	Productos lácteos (*dairy*)	Condimentos	Carnes y aves (*poultry*)	Pescados y mariscos	Frutas

3 **¿Qué es?** Label the food item shown in each drawing.

1. _____

2. _____

3. _____

4. _____

4 **¿Cuándo lo comes?** Read the lists of meals, then categorize when the meals would be eaten.

1. un sándwich de jamón y queso, unas chuletas de cerdo con arroz y frijoles, un yogur y un café con leche

Desayuno _____

Almuerzo _____

Cena _____

2. una langosta con papas y espárragos, huevos fritos y jugo de naranja, una hamburguesa y un refresco

Desayuno _____

Almuerzo _____

Cena _____

3. pan tostado con mantequilla, un sándwich de atún y un té helado, un bistec con cebolla y arroz

Desayuno _____

Almuerzo _____

Cena _____

4. una sopa y una ensalada, cereales con leche, pollo asado con ajo y champiñones

Desayuno _____

Almuerzo _____

Cena _____

contextos

1 **Identificar** Listen to each question and mark an **X** in the appropriate category.

> **modelo**
> *You hear*: ¿Qué es la piña?
> *You mark*: an **X** under **fruta**.

	carne	pescado	verdura	fruta	bebida
Modelo	_____	_____	_____	**X**	_____
1.	_____	_____	_____	_____	_____
2.	_____	_____	_____	_____	_____
3.	_____	_____	_____	_____	_____
4.	_____	_____	_____	_____	_____
5.	_____	_____	_____	_____	_____
6.	_____	_____	_____	_____	_____
7.	_____	_____	_____	_____	_____
8.	_____	_____	_____	_____	_____

2 **Describir** Listen to each sentence and write the number of the sentence below the drawing of the food or drink mentioned.

a. _____

b. _____

c. _____

d. _____

e. _____

f. _____

g. _____

h. _____

i. _____

j. _____

3 **En el restaurante** You will hear a couple ordering a meal in a restaurant. Write the items they order in the appropriate categories.

	SEÑORA	SEÑOR
Primer plato		
Plato principal		
Bebida		

Lección 8 Audio Activities   **97**

Lección 8

contextos

Estudiante 1

11 **Crucigrama** (student text p. 267) Tú y tu compañero/a tienen un crucigrama (*crossword puzzle*) incompleto. Tú tienes las palabras que necesita tu compañero/a y él/ella tiene las palabras que tú necesitas. Tienen que darse pistas (*clues*) para completarlo. No pueden decir la palabra; deben utilizar definiciones, ejemplos y frases.

> **modelo**
> **6 vertical:**   Es un *condimento que normalmente viene con la sal.*
> **12 horizontal:** Es una fruta amarilla.

Communication Activities

contextos

Estudiante 2

11 **Crucigrama** (student text p. 267) Tú y tu compañero/a tienen un crucigrama (*crossword puzzle*) incompleto. Tú tienes las palabras que necesita tu compañero/a y él/ella tiene las palabras que tú necesitas. Tienen que darse pistas (*clues*) para completarlo. No pueden decir la palabra; deben utilizar definiciones, ejemplos y frases.

> **modelo**
> **6 vertical:** Es un *condimento* que normalmente viene con la sal.
> **12 horizontal:** Es una fruta amarilla.

Una cena... romántica

Antes de ver el video

1   **En un restaurante** What do you do and say when you have dinner at a restaurant?

_____

_____

_____

_____

_____

_____

_____

Mientras ves el video

2   **¿Quién?** Watch **Una cena... romántica** and write the name of the person who says each sentence.

Oración	Nombre
1. La ensalada viene con aceite y vinagre.	_____
2. Vino blanco para mí.	_____
3. Mejor pido la ensalada de pera con queso.	_____
4. Los espárragos están sabrosísimos esta noche.	_____
5. Señor, él es más responsable que yo.	_____

3   **Ordenar** Show the order in which the following took place.

____ a. Felipe les pone pimienta a los platillos.

____ b. Miguel pide una cerveza.

____ c. El camarero recomienda la sopa de frijoles.

____ d. El gerente llega a la mesa de Maru y Miguel.

4   **Completar** Fill in the missing words.

1. **MARU**   No sé qué pedir. ¿Qué me _____?

2. **CAMARERO**   ¿Ya decidieron qué quieren de _____ ?

3. **MARU**   Tienes razón, Felipe. Los espárragos están _____.

4. **FELIPE**   ¿Quién _____ jamón?

5. **JUAN CARLOS**   ¿Aquí vienen _____ mexicanos _____ extranjeros?

Después de ver el video

5 Opiniones Say who expressed the following opinions, either verbally or through body language.

_____ 1. Los mariscos parecen tan ricos como el jamón.

_____ 2. Este joven me está molestando con sus preguntas.

_____ 3. Los champiñones están deliciosos.

_____ 4. Felipe tiene la culpa (is guilty) de lo que pasó.

_____ 5. Vamos a la cocina para que paguen lo que hicieron.

6 Corregir Correct these statements.

1. Miguel le dice a Maru que la langosta se ve muy buena.

_____

2. De beber, Maru y Miguel piden té.

_____

3. El plato principal es ceviche de camarones con cilantro y limón.

_____

4. Maru pide el jamón con arvejas.

_____

5. Felipe dice que los champiñones saben a vinagre.

_____

6. Felipe dice que es el mejor camarero del mundo.

_____

7 Preguntas personales Answer these questions in Spanish.

1. ¿Almuerzas en la cafetería de tu escuela? ¿Por qué? _____

2. ¿Cuál es tu plato favorito? ¿Por qué? _____

3. ¿Cuál es el mejor restaurante de tu comunidad? Explica (Explain) tu opinión. _____

4. ¿Cuál es tu restaurante favorito? ¿Cuál es la especialidad de ese restaurante? _____

5. ¿Sales mucho a cenar con tu familia? ¿Adónde van a cenar? _____

pronunciación

ll, ñ, c, and z

Most Spanish speakers pronounce **ll** like the *y* in *yes*.

      po**ll**o   **ll**ave   e**ll**a   cebo**ll**a

The letter **ñ** is pronounced much like the *ny* in *canyon*.

      ma**ñ**ana   se**ñ**or   ba**ñ**o   ni**ñ**a

Before **a**, **o**, or **u**, the Spanish **c** is pronounced like the *c* in *car*.

      café   **c**olombiano   **c**uando   ri**c**o

Before **e** or **i**, the Spanish **c** is pronounced like the *s* in *sit*. In parts of Spain, **c** before **e** or **i** is pronounced like the *th* in *think*.

      cereales   deli**c**ioso   condu**c**ir   cono**c**er

The Spanish **z** is pronounced like the *s* in *sit*. In parts of Spain, **z** is pronounced like the *th* in *think*.

      zeta   **z**anahoria   almuer**z**o   cerve**z**a

1   **Práctica** Repeat each word after the speaker to practice pronouncing **ll**, **ñ**, **c**, and **z**.

1. mantequilla	5. español	9. quince
2. cuñado	6. cepillo	10. compañera
3. aceite	7. zapato	11. almorzar
4. manzana	8. azúcar	12. calle

2   **Oraciones** When the speaker pauses, repeat the corresponding sentence or phrase, focusing on **ll**, **ñ**, **c**, and **z**.

1. Mi compañero de cuarto se llama Toño Núñez. Su familia es de la Ciudad de Guatemala y de Quetzaltenango.
2. Dice que la comida de su mamá es deliciosa, especialmente su pollo al champiñón y sus tortillas de maíz.
3. Creo que Toño tiene razón porque hoy cené en su casa y quiero volver mañana para cenar allí otra vez.

3   **Refranes** Repeat each saying after the speaker to practice pronouncing **ll**, **ñ**, **c**, and **z**.

1. Las aparencias engañan.
2. Panza llena, corazón contento.

4   **Dictado** You will hear five sentences. Each will be said twice. Listen carefully and write what you hear.

1. _____

2. _____

3. _____

4. _____

5. _____

estructura

8.1 Preterite of stem-changing verbs

1 **En el pasado** Rewrite each sentence, conjugating the verbs into the preterite tense.

1. Ana y Enrique piden unos refrescos fríos.

_____

2. Mi mamá nos sirve arroz con frijoles y carne.

_____

3. Tina y Linda duermen en un hotel de Lima.

_____

4. Las flores (*flowers*) de mi tía mueren durante el otoño.

_____

5. Ustedes se sienten bien porque ayudan a las personas.

_____

2 **¿Qué hicieron?** For each sentence, choose the correct verb from those in parentheses. Then complete the sentence by writing the preterite form of the verb.

1. Rosana y Héctor _____ las palabras del profesor. (repetir, dormir, morir)

2. El abuelo de Luis _____ el año pasado. (pedir, morir, servir)

3. (yo) _____ camarones y salmón de cena en mi casa. (morir, conseguir, servir)

4. Lisa y tú _____ pan tostado con queso y huevos. (sentirse, seguir, pedir)

5. Elena _____ en casa de su prima el sábado. (dormir, pedir, repetir)

6. Gilberto y su familia _____ ir al restaurante francés. (servir, preferir, vestirse)

3 **No pasó así** Your brother is very confused today. Correct his mistakes by rewriting each sentence, replacing the subject with the one given in parentheses.

1. Anoche nos sentimos alegres. (mis primos)

_____

2. Melinda y Juan siguieron a Camelia por la ciudad en el auto. (yo)

_____

3. Alejandro prefirió quedarse en casa. (ustedes)

_____

4. Pedí un plato de langosta con salsa de mantequilla. (ellas)

_____

5. Los camareros les sirvieron una ensalada con atún y espárragos. (tu esposo)

_____

4 **En el restaurante** Create sentences from the elements provided. Use the preterite form of the verbs.

1. (nosotros) / preferir / este restaurante al restaurante italiano

_____

2. mis amigos / seguir / a Gustavo para encontrar el restaurante

_____

3. la camarera / servirte / huevos fritos y café con leche

_____

4. ustedes / pedir / ensalada de mariscos y vino blanco

_____

5. Carlos / preferir / las papas fritas

_____

6. (yo) / conseguir / el menú del restaurante

_____

_____

5 **La planta de la abuela** Complete this message with the preterite form of the verbs from the word bank. Use each verb only once.

conseguir	morir	preferir	seguir	servir
dormir	pedir	repetir	sentirse	vestirse

Querida tía:

El fin de semana pasado fui a visitar a mi abuela Lilia en el campo. (Yo) Le

(1)_____ unos libros en la biblioteca de la escuela porque ella me los

(2)_____. Cuando llegué, mi abuela me (3)_____ un

plato sabroso de arroz con frijoles. La encontré triste porque la semana pasada su

planta de tomates (4)_____ y ahora tiene que comprar los tomates en

el mercado. Me invitó a quedarme, y yo (5)_____ en su casa. Por

la mañana, abuela Lilia se despertó temprano, (6)_____ y salió a

comprar huevos para el desayuno. Me levanté inmediatamente y la

(7)_____ porque quería ir con ella al mercado. En el mercado, ella me

(8)_____ que estaba triste por la planta de tomates. Le pregunté:

¿Debemos comprar otra planta de tomates?, pero ella (9)_____

esperar hasta el verano. Después del desayuno, yo (10)_____ triste

cuando volví a la escuela. Quiero mucho a la abuela. ¿Cuándo la vas a visitar?

Chau,

Mónica

estructura

8.1 Preterite of stem-changing verbs

1 **Identificar** Listen to each sentence and decide whether the verb is in the present or the preterite tense. Mark an **X** in the appropriate column.

> **modelo**
> *You hear:* Pido bistec con papas fritas.
> *You mark:* an **X** under **Present**.

	Present	Preterite
Modelo	X	
1.		
2.		
3.		
4.		
5.		
6.		
7.		
8.		

2 **Cambiar** Change each sentence you hear substituting the new subject given. Repeat the correct response after the speaker. (*6 items*)

> **modelo**
> Tú no dormiste bien anoche. (los niños)
> *Los niños no durmieron bien anoche.*

3 **Preguntas** Answer each question you hear using the cue. Repeat the correct response after the speaker.

> **modelo**
> *You hear:* ¿Qué pediste?
> *You see:* pavo asado con papas y arvejas
> *You say:* Pedí pavo asado con papas y arvejas.

1. Sí   3. leche   5. No
2. No   4. Sí   6. la semana pasada

4 **Un día largo** Listen as Ernesto describes what he did yesterday. Then read the statements and decide whether they are **cierto** or **falso**.

	Cierto	Falso
1. Ernesto se levantó a las seis y media de la mañana.	○	○
2. Se bañó y se vistió en poco tiempo.	○	○
3. Los clientes empezaron a llegar a la una.	○	○
4. Almorzó temprano.	○	○
5. Pidió pollo asado con papas.	○	○
6. Después de almorzar, Ernesto y su primo siguieron trabajando.	○	○

Lección 8

Audio Activities

8.2 Double object pronouns

1   **Buena gente** Rewrite each sentence, replacing the direct objects with direct object pronouns.

1. La camarera te sirvió el plato de pasta con mariscos.

_____

2. Isabel nos trajo la sal y la pimienta a la mesa.

_____

3. Javier me pidió el aceite y el vinagre anoche.

_____

4. El dueño nos busca una mesa para seis personas.

_____

5. Tu madre me consigue unos melocotones deliciosos.

_____

6. ¿Te recomendaron este restaurante Lola y Paco?

_____

2   **En el restaurante** Last night, you and some friends ate in a popular new restaurant. Rewrite what happened there, using double object pronouns in each sentence.

1. La dueña nos abrió la sección de no fumar.

_____

2. Le pidieron los menús al camarero.

_____

3. Nos buscaron un lugar cómodo y nos sentamos.

_____

4. Les sirvieron papas fritas con el pescado a los clientes.

_____

5. Le llevaron unos entremeses a la mesa a Marcos.

_____

6. Me trajeron una ensalada de lechuga y tomate.

_____

7. El dueño le compró la carne al señor Gutiérrez.

_____

8. Ellos te mostraron los vinos antes de servirlos.

_____

3 **¿Quiénes son?** Answer the questions, using double object pronouns.

1. ¿A quiénes les escribiste las postales? (a ellos) _____

2. ¿Quién le recomendó ese plato? (su tío) _____

3. ¿Quién nos va a abrir la puerta a esta hora? (Sonia) _____

4. ¿Quién les sirvió el pescado asado? (Miguel) _____

5. ¿Quién te llevó los entremeses? (mis amigas) _____

6. ¿A quién le ofrece frutas Roberto? (a su familia) _____

4 **La cena** Read the two conversations. Then answer the questions, using double object pronouns.

CELIA	*(A Tito)* Rosalía me recomendó este restaurante.
DUEÑO	Buenas noches, señores. Les traigo unos entremeses, cortesía del restaurante.
CAMARERO	Buenas noches. ¿Quieren ver el menú?
TITO	Sí, por favor. ¿Está buena la langosta?
CAMARERO	Sí, es la especialidad del restaurante.
CELIA	¿Cuánto vale la langosta?
CAMARERO	Vale treinta dólares.
TITO	Entonces queremos pedir dos.
CELIA	Y yo quiero una copa *(glass)* de vino tinto, por favor.

CAMARERO	Tenemos flan y fruta de postre *(for dessert)*.
CELIA	Perdón, ¿me lo puede repetir?
CAMARERO	Tenemos flan y fruta.
CELIA	Yo no quiero nada de postre, gracias.
DUEÑO	¿Les gustó la cena?
TITO	Sí, nos encantó. Muchas gracias. Fue una cena deliciosa.

1. ¿Quién le recomendó el restaurante a Celia? _____

2. ¿Quién les sirvió los entremeses a Celia y a Tito? _____

3. ¿Quién les trajo los menús a Celia y a Tito? _____

4. ¿A quién le preguntó Celia el precio de la langosta? _____

5. ¿Quién le pidió las langostas al camarero? _____

6. ¿Quién le pidió un vino tinto al camarero? _____

7. ¿Quién le repitió a Celia la lista de postres? _____

8. ¿A quién le dio las gracias Tito cuando se fueron? _____

8.2 Double object pronouns

1 **Escoger** The manager of El Gran Pavo Restaurant wants to know what items the chef is going to serve to the customers today. Listen to each question and choose the correct response.

> **modelo**
>
> *You hear:* ¿Les vas a servir sopa a los clientes?
> *You read:* a. Sí, se la voy a servir.   b. No, no se lo voy a servir.
> *You mark:* **a because it refers to la sopa.**

1. a. Sí, se las voy a servir.   b. No, no se los voy a servir.

2. a. Sí, se la voy a servir.   b. No, no se lo voy a servir.

3. a. Sí, se los voy a servir.   b. No, no se las voy a servir.

4. a. Sí, se los voy a servir.   b. No, no se las voy a servir.

5. a. Sí, se la voy a servir.   b. No, no se lo voy a servir.

6. a. Sí, se lo voy a servir.   b. No, no se la voy a servir.

2 **Cambiar** Repeat each statement, replacing the direct object noun with a pronoun. (*6 items*)

> **modelo**
>
> María te hace ensalada.
> María te la hace.

3 **Preguntas** Answer each question using the cue you hear and object pronouns. Repeat the correct response after the speaker. (*5 items*)

> **modelo**
>
> ¿Me recomienda usted los mariscos? (sí)
> Sí, se los recomiendo.

4 **Una fiesta** Listen to this conversation between Eva and Marcela. Then read the statements and decide whether they are **cierto** or **falso**.

	Cierto	Falso
1. Le van a hacer una fiesta a Sebastián.	○	○
2. Le van a preparar langosta.	○	○
3. Le van a preparar una ensalada de mariscos.	○	○
4. Van a tener vino tinto, cerveza, agua mineral y té helado.	○	○
5. Clara va a comprar cerveza.	○	○
6. Le compraron un cinturón.	○	○

estructura 8.2

Estudiante 1

5

Regalos de Navidad (student text p. 280) Tú y tu compañero/a tienen una parte de la lista de los regalos de Navidad (*Christmas gifts*) que Berta pidió y los regalos que sus parientes le compraron. Conversen para completar sus listas.

> **modelo**
>
> **Estudiante 1:** ¿Qué le pidió Berta a su mamá?
> **Estudiante 2:** Le pidió una computadora. ¿Se la compró?
> **Estudiante 1:** Sí, se la compró.

	Lo que Berta pidió	Lo que sus parientes le compraron
1.	a su mamá:	su mamá: una computadora
2.	a su papá: un estéreo	su papá:
3.	a su abuelita: una bicicleta	su abuelita:
4.	a su tío Samuel:	su tío Samuel: una mochila
5.	a su hermano Raúl:	su hermano Raúl: zapatos de tenis
6.	a su hermanastra: zapatos de tenis	su hermanastra:
7.	a sus tíos Juan y Rebeca: sandalias	sus tíos Juan y Rebeca:
8.	a su prima Nilda:	su prima Nilda: un sombrero

estructura 8.2

Estudiante 2

5 **Regalos de Navidad** (student text p. 280) Tú y tu compañero/a tienen una parte de la lista de los regalos de Navidad (*Christmas gifts*) que Berta pidió y los regalos que sus parientes le compraron. Conversen para completar sus listas.

> **modelo**
> **Estudiante 1:** ¿Qué le pidió Berta a su mamá?
> **Estudiante 2:** Le pidió una computadora. ¿Se la compró?
> **Estudiante 1:** Sí, se la compró.

	Lo que Berta pidió	Lo que sus parientes le compraron
1.	a su mamá: una computadora	su mamá:
2.	a su papá:	su papá: una radio
3.	a su abuelita:	su abuelita: un suéter
4.	a su tío Samuel: una mochila	su tío Samuel:
5.	a su hermano Raúl: una blusa	su hermano Raúl:
6.	a su hermanastra:	su hermanastra: sandalias
7.	a sus tíos Juan y Rebeca:	sus tíos Juan y Rebeca: un libro
8.	a su prima Nilda: una camisa	su prima Nilda:

8.3 Comparisons

1 ¿Cómo se comparan? Complete the sentences with the Spanish of the comparison in parentheses.

1. Puerto Rico es _____ (*smaller than*) Guatemala.

2. Felipe corre _____ (*faster than*) su amigo Juan Carlos.

3. Los champiñones son _____ (*as tasty as*) los espárragos.

4. Los jugadores de baloncesto son _____ (*taller than*) los otros estudiantes.

5. Laura es _____ (*more hard-working than*) su novio Pablo.

6. Marisol es _____ (*less intelligent than*) su hermana mayor.

7. La nueva novela de ese escritor es _____ (*as bad as*) su primera novela.

8. Agustín y Mario están _____ (*less fat than*) antes.

2 Lo obvio Your friend Francisco is always sharing his opinions with you, even though his comparisons are always painfully obvious. Write sentences that express his opinions, using the adjectives in parentheses.

> **modelo**
> (inteligente) Albert Einstein / Homer Simpson
> Albert Einstein es más inteligente que Homer Simpson.

1. (famoso) Mariah Carey / mi hermana

_____

2. (difícil) estudiar química orgánica / leer una novela

_____

3. (malo) el tiempo en Boston / el tiempo en Florida

_____

4. (barato) los restaurantes elegantes / los restaurantes de comida rápida

_____

5. (viejo) mi abuelo / mi sobrino

_____

3 ¿Por qué? Complete the sentences with the correct comparisons.

> **modelo**
> Darío juega mejor al fútbol que tú.
> Es porque Darío practica más que tú.

1. Mi hermano es más gordo que mi padre. Es porque mi hermano come _____.

2. Natalia conoce más países que tú. Es porque Natalia viaja _____.

3. Estoy más cansado que David. Es porque duermo _____.

4. Rolando tiene más hambre que yo. Va a comer _____.

5. Mi vestido favorito es más barato que el tuyo. Voy a pagar _____.

6. Julia gana más dinero que Lorna. Es porque Julia trabaja _____.

Lección 8

4 **Comparaciones** Form complete sentences using one word from each column.

la carne	bueno	el aceite
la comida rápida	caro	el almuerzo
el desayuno	malo	las chuletas de cerdo
la fruta	pequeño	la ensalada
la mantequilla	rico	los entremeses
el pollo	sabroso	el pescado

> *modelo*
> La carne es más cara que el pescado.

1. _____   4. _____
2. _____   5. _____
3. _____   6. _____

5 **Tan... como** Compare Jorge and Marcos using comparisons of equality and the following words. Be creative in your answers.

alto	delgado	inteligente
bueno	guapo	joven

Jorge   Marcos

> *modelo*
> Marcos no es tan inteligente como Jorge.

1. _____   4. _____
2. _____   5. _____
3. _____   6. _____

6 **¿Más o menos?** Read the pairs of sentences. Then write a new sentence comparing the first item to the second one.

> *modelo*
> Ese hotel tiene cien habitaciones. El otro hotel tiene cuarenta habitaciones.
> Ese hotel tiene más habitaciones que el otro.

1. La biblioteca tiene ciento cincuenta sillas. El laboratorio de lenguas tiene treinta sillas.

_____

2. Ramón compró tres corbatas. Roberto compró tres corbatas.

_____

3. Yo comí un plato de pasta. Mi hermano comió dos platos de pasta.

_____

4. Anabel durmió ocho horas. Amelia durmió ocho horas.

_____

5. Mi primo toma seis clases. Mi amiga Tere toma ocho clases.

_____

8.3 Comparisons

1 **Escoger** You will hear a series of descriptions. Choose the statement that expresses the correct comparison.

1. a. Yo tengo más dinero que Rafael.

   b. Yo tengo menos dinero que Rafael.

2. a. Elena es mayor que Juan.

   b. Elena es menor que Juan.

3. a. Enrique come más hamburguesas que José.

   b. Enrique come tantas hamburguesas como José.

4. a. La comida de la Fonda es mejor que la comida del Café Condesa.

   b. La comida de la Fonda es peor que la comida del Café Condesa.

5. a. Las langostas cuestan tanto como los camarones.

   b. Los camarones cuestan menos que las langostas.

2 **Comparar** Look at each drawing and answer the question you hear with a comparative statement. Repeat the correct response after the speaker.

1. Ricardo   Sara

2. Héctor   Alejandro

3. Leonor   Melissa

3 **Al contrario** You are babysitting Anita, a small child, who starts boasting about herself and her family. Respond to each statement using a comparative of equality. Then repeat the correct answer after the speaker. (*6 items*)

modelo

Mi mamá es más bonita que tu mamá.

Al contrario, mi mamá es tan bonita como tu mamá.

Lección 8

Audio Activities

8.4 Superlatives

1 **El mejor...** Complete each case with the appropriate information. Form complete sentences using the superlatives.

> **modelo**
> el restaurante _____ / bueno / ciudad
> El restaurante Dalí es el mejor restaurante de la ciudad.

1. la película _____ / mala / la historia del cine

   _____

2. la comida _____ / sabrosa / todas

   _____

3. mi _____ / joven / mi familia

   _____

4. el libro _____ / interesante / biblioteca

   _____

5. las vacaciones de _____ / buenas / año

   _____

2 **Facilísimo** Rewrite each sentence, using absolute superlatives.

1. Miguel y Maru están muy cansados. _____

2. Felipe es muy joven. _____

3. Jimena es muy inteligente. _____

4. La madre de Marissa está muy contenta. _____

5. Estoy muy aburrido. _____

3 **Compárate** Compare yourself with the members of your family and the students in your class. Write at least two complete sentences using comparisons of equality and inequality, superlatives, and absolute superlatives.

> **modelo**
> En mi familia, yo soy más bajo que mi hermano.

_____

_____

> **modelo**
> En mi clase, mi amigo Evan es tan inteligente como yo.

_____

_____

Síntesis

Interview a friend or a relative and ask him or her to describe two restaurants where he or she recently ate.

- How was the quality of the food at each restaurant?
- How was the quality of the service at each restaurant?
- How did the prices of the two restaurants compare?
- What did his or her dining companions think about the restaurants?
- How was the ambience different at each restaurant?
- How convenient are the restaurants? Are they centrally located? Are they accessible by public transportation? Do they have parking?

When you are finished with the interview, write up a comparison of the two restaurants based on the information you collected. Use lesson vocabulary and as many different types of comparisons and superlative phrases as possible in your report.

_____

_____

_____

_____

_____

_____

_____

_____

_____

_____

_____

_____

_____

_____

_____

_____

Lección 8

8.4 Superlatives

1   Superlativos You will hear a series of descriptions. Choose the statement that expresses the correct superlative.

1. a. Tus pantalones no son los más grandes de la tienda.

   b. Tus pantalones son los más grandes de la tienda.

2. a. La camisa blanca es la más bonita del centro comercial.

   b. La camisa blanca no es tan bonita como otras camisas de la tienda.

3. a. Las rebajas del centro comercial son peores que las rebajas de la tienda.

   b. En el centro comercial puedes encontrar las mejores rebajas.

4. a. El vestido azul es el más caro de la tienda.

   b. El vestido azul es el más barato de la tienda.

5. a. Sebastián es el mejor vendedor de la tienda.

   b. Sebastián es el peor vendedor de la tienda.

2   Preguntas Answer each question you hear using the absolute superlative. Repeat the correct response after the speaker. (*6 items*)

> **modelo**
> La comida de la cafetería es mala, ¿no?
> Sí, *es malísima.*

3   Anuncio Listen to this advertisement. Then read the statements and decide whether they are **cierto** or **falso**.

	Cierto	Falso
1. Ningún almacén de la ciudad es tan grande como El Corte Inglés.	○	○
2. La mejor ropa es siempre carísima.	○	○
3. Los zapatos de El Corte Inglés son muy elegantes.	○	○
4. En El Corte Inglés gastas menos dinero y siempre tienes muy buena calidad.	○	○
5. El horario de El Corte Inglés es tan flexible como el horario de otras tiendas del centro.	○	○

vocabulario

You will now hear the vocabulary found in your textbook on the last page of this lesson. Listen and repeat each Spanish word or phrase after the speaker.

estructura 8.4

Práctica

2   **Completar** (student text p. 287) Con la información en esta hoja, completa las oraciones en tu libro de texto acerca de (*about*) José, Ana y sus familias con palabras de la lista.

NOMBRE: José Valenzuela Carranza

NACIONALIDAD: venezolano

CARACTERÍSTICAS: 5'6", 34 años, moreno y muy, muy guapo

PROFESIÓN: periodismo; premio (*award*) Mejor Periodista de la Ciudad

FAMILIA: Abuelo (98 años), abuela (89 años), mamá, papá, 7 hermanas
          y hermanos mayores y más altos

GUSTOS: trabajar muchísimo en su profesión y leer literatura
          ir a muchas fiestas, bailar y cantar
          viajar por todo el mundo
          jugar al baloncesto con sus hermanos (pero juega demasiado mal)
          estar con Fifí, una perra (*dog f.*) refinadísima, pero muy antipática

---

NOMBRE: Ana Orozco Hoffman

NACIONALIDAD: mexicana

CARACTERÍSTICAS: 5'9", 38 años, morena de ojos azules

PROFESIÓN: economía

FAMILIA: Mamá, papá, madrastra, dos medios hermanos,
          Jorge de 11 años y Mauricio de 9

GUSTOS: viajar
          jugar al baloncesto (#1 del estado), nadar, bucear y esquiar
          hablar alemán
          jugar juegos (*games*) electrónicos con sus hermanitos
          (No juega mal. Jorge es excelente.)

---

escritura

Estrategia
Expressing and supporting opinions

Written reviews are just one of the many kinds of writing which require you to state your opinions. In order to convince your reader to take your opinions seriously, it is important to support them as thoroughly as possible. Details, facts, examples, and other forms of evidence are necessary. In a restaurant review, for example, it is not enough just to rate the food, service, and atmosphere. Readers will want details about the dishes you ordered, the kind of service you received, and the type of atmosphere you encountered. If you were writing a concert or album review, what kinds of details might your readers expect to find?

It is easier to include details that support your opinions if you plan ahead. Before going to a place or event that you are planning to review, write a list of questions that your readers might ask. Decide which aspects of the experience you are going to rate and list the details that will help you decide upon a rating. You can then organize these lists into a questionnaire and a rating sheet. Bring these forms with you to help you form your opinions and to remind you of the kinds of information you need to gather in order to support these opinions. Later, these forms will help you organize your review into logical categories. They can also provide the details and other evidence you need to convince your readers of your opinions.

Tema
Escribir una crítica

Antes de escribir

1. Vas a escribir una crítica culinaria (*restaurant review*) sobre un restaurante local. Antes de escribirla, tienes que preparar un cuestionario y una hoja de evaluación (*rating sheet*) para formar tus opiniones y para recordar la información que vas a incluir en tu crítica del restaurante.

2. Trabaja con un(a) compañero/a de clase para crear un cuestionario. Pueden usar las siguientes preguntas u otras de su propia invención. Deben incluir las cuatro categorías indicadas.

    ▶ La comida
    ¿Qué tipo de comida es? ¿Qué tipo de ingredientes usan? ¿Es de buena calidad? ¿Cuál es el mejor plato? ¿Y el peor? ¿Quién es el chef?

    ▶ El servicio
    ¿Es necesario esperar mucho por una mesa? ¿Tienen los camareros un buen conocimiento del menú? ¿Atienden a los clientes con rapidez (*speed*) y cortesía?

    ▶ El ambiente (*atmosphere*)
    ¿Cómo es la decoración del restaurante? ¿Es el ambiente informal o elegante? ¿Hay música o algún tipo de entretenimiento (*entertainment*)?

    ▶Información práctica
    ¿Cómo son los precios? ¿Se aceptan tarjetas de crédito? ¿Cuál es la dirección y el número de teléfono? ¿Quién es el/la dueño/a? ¿El/La gerente?

3. Después de escribir el cuestionario, usen las cuatro categorías y la lista de preguntas para crear una hoja de evaluación. Un restaurante recibe cinco estrellas (*stars*) si es buenísimo; recibe sólo una estrella si es malísimo. Miren este ejemplo de cómo se puede organizar una hoja de evaluación.

4. Después de crear la hoja de evaluación, úsala para evaluar un restaurante que conoces. Si lo conoces muy bien, quizás no es necesario comer allí para completar la hoja de evaluación. Si no lo conoces muy bien, debes comer en el restaurante y usar la hoja de evaluación para comentar tu experiencia. Trata de incluir comparativos y superlativos cuando escribas tus comentarios y opiniones.

Nombre del restaurante:	Número de estrellas:
1. La comida	
Tipo:	
Ingredientes:	
Calidad:	
Mejor plato:	
Peor plato:	
Datos (*Facts*) sobre el/la chef:	

Escribir

Usa la hoja de evaluación que completaste para escribir tu crítica culinaria. Escribe seis párrafos cortos:

1. una introducción para indicar tu opinión general del restaurante y el número de estrellas que recibió
2. una descripción de la comida
3. una descripción del servicio
4. una descripción del ambiente
5. un párrafo para dar información práctica sobre el restaurante
6. una conclusión para recalcar (*to stress*) tu opinión y dar una sugerencia para mejorar el restaurante

Después de escribir

1. Intercambia tu borrador con un(a) compañero/a de clase. Coméntalo y contesta estas preguntas.

   ► ¿Escribió tu compañero/a una introducción con una evaluación general del restaurante?
   ► ¿Escribió tu compañero/a párrafos sobre la comida, el servicio, el ambiente y uno con información práctica?
   ► ¿Escribió tu compañero/a una conclusión con una opinión y una sugerencia para el restaurante?
   ► ¿Usó tu compañero/a comparativos y superlativos para describir el restaurante?
   ► ¿Qué detalles añadirías (*would you add*)? ¿Qué detalles quitarías (*would you delete*)? ¿Qué otros comentarios tienes para tu compañero/a?

2. Revisa tu narración según los comentarios de tu compañero/a. Después de escribir la versión final, léela otra vez para eliminar errores de:

   ► ortografía
   ► puntuación
   ► uso de letras mayúsculas y minúsculas
   ► concordancia entre sustantivos y adjetivos
   ► uso de verbos en el presente de indicativo (*present tense*)
   ► uso de verbos en el pretérito
   ► uso de comparativos y superlativos

La comida latina

Antes de ver el video

1 **Más vocabulario** Look over these useful words before you watch the video.

Vocabulario útil		
el arroz congrí *mixed rice and beans from Cuba*	el frijol *bean*	la rebanada *slice*
el azafrán *saffron*	el perejil *parsley*	el taco al pastor *Shepherd-style taco*
la carne molida *ground beef*	el picadillo a la habanera *Cuban-style ground beef*	la torta al pastor *traditional sandwich from Tijuana*
la carne picada *diced beef*	el plátano *banana*	
el cerdo *pork*	el pollo *chicken*	la ropa vieja *Cuban shredded beef*

2 **¡En español!** Look at the video still. Imagine what Leticia will say about **la comida latina** in Los Angeles, and write a two- or three-sentence introduction to this episode.

Leticia, Estados Unidos

¡Hola! Soy Leticia Arroyo desde Los Ángeles. Hoy vamos a

hablar sobre… _____

_____

_____

_____

_____

_____

_____

Mientras ves el video

3 **Completar** (04:15–04:48) Watch Leticia ask other customers in the restaurant for recommendations and complete this conversation.

LETICIA Señoritas, ¿qué estamos (1)_____ de rico?

CLIENTE 1 Mojito.

LETICIA ¿Y de qué se trata el (2)_____?

CLIENTE 1 Es pollo con cebolla, arroz blanco, (3)_____ negros y plátanos fritos. Es delicioso.

LETICIA Rico. ¿Y el tuyo?

CLIENTE 2 Yo estoy comiendo (4)_____ con pollo, que es arroz amarillo, pollo y plátanos fritos.

LETICIA ¿Y otras cosas en el (5)_____ que están ricas también?

CLIENTE 2 A mí me (6)_____ la ropa vieja.

4 **Ordenar** Put these events in the correct order.

_____ a. Toma un café en el restaurante cubano.

_____ b. Leticia habla con el gerente (*manager*) de un supermercado.

_____ c. Leticia come picadillo, un plato típico cubano.

_____ d. La dueña de una taquería mexicana le muestra a Leticia diferentes platos mexicanos.

_____ e. Leticia compra frutas y verduras en un supermercado hispano.

Después de ver el video

5 **Emparejar** Match these expressions to the appropriate situations.

_____ 1. ¿Qué me recomienda?   _____ 4. ¿Está listo/a para ordenar?

_____ 2. ¡Se me hace agua la boca!   _____ 5. A la orden.

_____ 3. ¡Que se repita!

a. Eres un(a) empleado/a de una tienda. Ayudaste a un(a) cliente/a a hacer una compra. Él/Ella te dice gracias. ¿Qué le respondes?

b. Estás en un restaurante. Miraste el menú, pero todavía no sabes qué quieres comer. ¿Qué le dices al/a la camarero/a?

c. El/La camarero/a te dio el menú hace cinco minutos y ahora se acerca para preguntarte si sabes lo que quieres pedir. ¿Qué pregunta te hace?

d. Terminas de comer y pagas, estás muy contento/a por la comida y el servicio que recibiste. ¿Qué le dices al/a la camarero/a?

e. Acabas de entrar en un supermercado. Tienes mucha hambre y ves unos postres que te parecen (*seem*) deliciosos. ¿Qué dices?

6 **Un plato típico** Research one of these typical dishes or drinks from the Hispanic world. Find out about its ingredients, where it is typical, and any other information that you find interesting.

ropa vieja	picadillo a la habanera	horchata
Inca Kola	malta Hatuey	mate

_____

_____

_____

_____

_____

_____

panorama

Guatemala

1 **Guatemala** Complete the sentences with the correct words.

1. La _____ de Guatemala recibe su nombre de un pájaro que simboliza la libertad.

2. Un _____ por ciento de la población guatemalteca tiene una lengua materna diferente del español.

3. El _____ y los colores de cada *huipil* indican el pueblo de origen de la persona que lo lleva.

4. El _____ es un pájaro en peligro de extinción.

5. La civilización maya inventó un _____ complejo y preciso.

6. La ropa tradicional refleja el amor de la cultura maya por la _____.

2 **Preguntas** Answer the questions with complete sentences.

1. ¿Cuál es un cultivo de mucha importancia en la cultura maya? _____
_____

2. ¿Quién es Miguel Ángel Asturias? _____
_____

3. ¿Qué países limitan con (*border*) Guatemala? _____
_____

4. ¿Hasta cuándo fue la Antigua Guatemala una capital importante? ¿Qué pasó? _____
_____

5. ¿Por qué simbolizó el quetzal la libertad para los mayas? _____
_____

6. ¿Qué hace el gobierno para proteger al quetzal? _____
_____

3 **Fotos de Guatemala** Label each photo.

1. _____   2. _____

4 **Comparar** Read the sentences about Guatemala. Then rewrite them, using comparisons and superlatives. Do not change the meaning.

> modelo
>
> La Ciudad de Guatemala no es una ciudad pequeña.
> *La Ciudad de Guatemala es la más grande del país.*

1. El área de Guatemala no es más grande que la de Tennessee.

   _____

2. Un componente muy interesante de las telas (*fabrics*) de Guatemala es el mosquito.

   _____

3. Las lenguas mayas no se hablan tanto como el español.

   _____

4. Rigoberta Menchú no es mayor que Margarita Carrera.

   _____

5. La celebración de la Semana Santa en la Antigua Guatemala es importantísima para muchas personas.

   _____

   _____

5 **¿Cierto o falso?** Indicate whether the statements about Guatemala are **cierto** or **falso**. Correct the false statements.

1. Rigoberta Menchú ganó el Premio Nobel de la Paz en 1992.

   _____

2. La lengua materna de muchos guatemaltecos es una lengua inca.

   _____

3. La civilización de los mayas no era avanzada.

   _____

4. Guatemala es un país que tiene costas en dos océanos.

   _____

5. Hay muchísimos quetzales en los bosques de Guatemala.

   _____

6. La civilización maya descubrió y usó el cero antes que los europeos.

   _____

Panorama: Guatemala

Antes de ver el video

1 **Más vocabulario** Look over these useful words and expressions before you watch the video.

Vocabulario útil		
alfombra *carpet*	destruir *to destroy*	ruinas *ruins*
artículos *items*	época colonial *colonial times*	sobrevivir *to survive*
calle *street*	indígenas *indigenous people*	terremoto *earthquake*

2 **Describir** In this video you are going to learn about an open-air market that takes place in Guatemala. In Spanish, describe one open-air market that you have been to or that you know about.

mercado: _____

_____

_____

_____

_____

3 **Categorías** Categorize the words listed in the word bank.

bonitas	espectaculares	indígenas	quieres
calles	grandes	mercado	región
colonial	habitantes	monasterios	sentir
conocer	iglesias	mujeres	vieja

Lugares	Personas	Verbos	Adjetivos

Mientras ves el video

4 **Marcar** Check off what you see while watching the video.

_____ 1. fuente (*fountain*)   _____ 6. niñas sonriendo

_____ 2. hombres con vestidos morados   _____ 7. niño dibujando

_____ 3. mujer bailando   _____ 8. personas hablando

_____ 4. mujer llevando bebé en el mercado _____ 9. ruinas

_____ 5. mujeres haciendo alfombras de flores _____ 10. turista mirando el paisaje

Después de ver el video

5 **Completar** Complete the sentences with words from the word bank.

aire libre	alfombras	atmósfera	fijo	indígenas	regatear

1. En Semana Santa las mujeres hacen _____ con miles de flores.

2. En Chichicastenango hay un mercado al _____ los jueves y domingos.

3. En el mercado los artículos no tienen un precio _____.

4. Los clientes tienen que _____ cuando hacen sus compras.

5. En las calles de Antigua, los turistas pueden sentir la _____ del pasado.

6. Muchos _____ de toda la región van al mercado a vender sus productos.

6 **¿Cierto o falso?** Indicate whether each statement is **cierto** or **falso**. Correct the false statements.

1. Antigua fue la capital de Guatemala hasta 1773.

_____

2. Una de las celebraciones más importantes de Antigua es la de la Semana Santa.

_____

3. En esta celebración, muchas personas se visten con ropa de color verde.

_____

4. Antigua es una ciudad completamente moderna.

_____

5. Chichicastenango es una ciudad mucho más grande que Antigua.

_____

6. El terremoto de 1773 destruyó todas las iglesias y monasterios en Antigua.

_____

7 **Comparar** Write four sentences comparing the cities Antigua and Chichicastenango.

_____

_____

_____

_____

contextos

1 **Identificar** Label the following terms as **estado civil**, **fiesta**, or **etapa de la vida**.

1. casada _____

2. adolescencia _____

3. viudo _____

4. juventud _____

5. Navidad _____

6. niñez _____

7. vejez _____

8. aniversario de bodas _____

9. divorciado _____

10. madurez _____

11. cumpleaños _____

12. soltera _____

2 **Las etapas de la vida** Label the stages of life on the timeline.

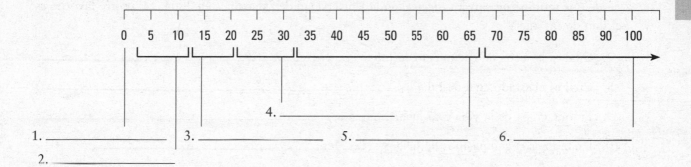

1. _____

2. _____

3. _____

4. _____

5. _____

6. _____

3 **Escribir** Fill in the blanks with the stage of life in which these events would normally occur.

1. jubilarse _____

2. graduarse de la universidad _____

3. cumplir nueve años _____

4. conseguir el primer trabajo _____

5. graduarse de la escuela secundaria _____

6. morir o quedar viudo _____

7. casarse (por primera vez) _____

8. tener un hijo _____

9. celebrar el aniversario de bodas número cincuenta _____

10. tener la primera cita _____

4 **Información personal** Read the descriptions and answer the questions.

"Me llamo Jorge Rosas. Nací el 26 de enero de 1952. Mi esposa murió el año pasado. Tengo dos hijos: Marina y Daniel. Terminé mis estudios de sociología en la Universidad Interamericana en 1974. Me voy a jubilar este año. Voy a celebrar este evento con una botella de champán".

1. ¿Cuál es la fecha de nacimiento de Jorge? _____

2. ¿Cuál es el estado civil de Jorge? _____

3. ¿En qué etapa de la vida está Jorge? _____

4. ¿Cuándo es el cumpleaños de Jorge? _____

5. ¿Cuándo se graduó Jorge? _____

6. ¿Cómo va a celebrar la jubilación (*retirement*) Jorge? _____

"Soy Julia Jiménez. Nací el 11 de marzo de 1982. Me comprometí a los veinte años, pero rompí con mi novio antes de casarme. Ahora estoy saliendo con un músico cubano. Soy historiadora del arte desde que terminé mi carrera (*degree*) en la Universidad de Salamanca en 2004. Mi postre favorito es el flan de caramelo".

7. ¿Cuál es la fecha de nacimiento de Julia? _____

8. ¿Cuál es el estado civil de Julia? _____

9. ¿En qué etapa de la vida está Julia? _____

10. ¿Cuándo es el cumpleaños de Julia? _____

11. ¿Cuándo se graduó Julia? _____

12. ¿Qué postre le gusta a Julia? _____

"Me llamo Manuel Blanco y vivo en Caracas. Mi esposa y yo nos comprometimos a los veintiséis años, y la boda fue dos años después. Pasaron quince años y tuvimos tres hijos. Me gustan mucho los dulces".

13. ¿Dónde vive Manuel? _____

14. ¿En qué etapa de la vida se comprometió Manuel? _____

15. ¿A qué edad se casó Manuel? _____

16. ¿Cuál es el estado civil de Manuel? _____

17. ¿Cuántos hijos tiene Manuel? _____

18. ¿Qué postre le gusta a Manuel? _____

Lección 9

contextos

1 **¿Lógico o ilógico?** You will hear some statements. Decide if they are **lógico** or **ilógico**.

1. Lógico   Ilógico   5. Lógico   Ilógico
2. Lógico   Ilógico   6. Lógico   Ilógico
3. Lógico   Ilógico   7. Lógico   Ilógico
4. Lógico   Ilógico   8. Lógico   Ilógico

2 **Escoger** For each drawing, you will hear three statements. Choose the one that corresponds to the drawing.

1. a.   b.   c.   2. a.   b.   c.

3. a.   b.   c.   4. a.   b.   c.

3 **Una celebración** Listen as señora Jiménez talks about a party she has planned. Then answer the questions.

1. ¿Para quién es la fiesta?

_____

2. ¿Cuándo es la fiesta?

_____

3. ¿Por qué hacen la fiesta?

_____

4. ¿Quiénes van a la fiesta?

_____

5. ¿Qué van a hacer los invitados en la fiesta?

_____

Lección 9

Audio Activities

contextos

Comunicación

8

Encuesta (student text p. 303) Haz las preguntas de la hoja a dos o tres compañeros/as de clase para saber qué actitudes tienen en sus relaciones personales. Luego comparte los resultados de la encuesta (*survey*) con la clase y comenta tus conclusiones.

Preguntas	Nombres	Actitudes
1. ¿Te importa la amistad? ¿Por qué?		
2. ¿Es mejor tener un(a) buen(a) amigo/a o muchos/as amigos/as?		
3. ¿Cuáles son las características que buscas en tus amigos/as?		
4. ¿A qué edad es posible enamorarse?		
5. ¿Deben las parejas hacer todo juntos? ¿Deben tener las mismas opiniones? ¿Por qué?		

El Día de Muertos

Lección 9

Antes de ver el video

1 **La celebración** In this episode, the Díaz family celebrates the Day of the Dead. What kind of things do you expect to see?

_____
_____
_____
_____
_____
_____
_____
_____

Mientras ves el video

2 **Ordenar** Put the following events in order.

____ a. La tía Ana María le dice a Marissa cómo se enamoraron sus papás.

____ b. El señor Díaz brinda por los abuelos de la familia.

____ c. Marissa prueba el mole que prepara la tía Ana María.

____ d. Maite Fuentes habla del Día de Muertos en la televisión.

____ e. Jimena pregunta dónde puso las galletas y el pastel.

3 **¿Qué ves?** Place a check mark beside each thing you see.

____ 1. una botella de vino   ____ 5. calaveras de azúcar   ____ 9. un regalo de Navidad

____ 2. una foto de boda   ____ 6. una fiesta de quinceañera   ____ 10. helados

____ 3. una graduación   ____ 7. galletas   ____ 11. un altar

____ 4. flores   ____ 8. bolsas   ____ 12. un flan

4 **¿Quién lo dijo?** Write a name next to each sentence to indicate who says it.

_____ 1. Su familia es muy interesante.

_____ 2. El Día de Muertos se celebra en México el primero y el dos de noviembre.

_____ 3. ¡Estoy seguro que se lo van a pasar bien!

_____ 4. Al principio, mi abuela no quiso aceptar el matrimonio.

Lección 9 Fotonovela Video Activities **131**

Después de ver el video

5 **Corregir** Rewrite these sentences to reflect what took place.

1. El Día de Muertos se celebra con flores, calaveras de azúcar, música y champán.

_____

2. El mole siempre fue el plato favorito de la mamá de la tía Ana María.

_____

3. Jimena intentó preparar mole para la fiesta de aniversario de sus tíos.

_____

4. La tía Ana María se casó con un ingeniero que trabaja muchísimo.

_____

5. Felipe y su papá prepararon pastel de chocolate para la familia.

_____

6. A Valentina le gusta el helado.

_____

6 **Eventos importantes** Describe in Spanish the three most important events in this episode and explain your choices.

_____

_____

_____

_____

_____

_____

7 **Preguntas personales** Answer these questions in Spanish.

1. ¿Qué días de fiesta celebras con tu familia? _____

_____

2. De los días de fiesta, ¿cuál es tu favorito? ¿Por qué? _____

_____

3. ¿Qué haces el Día de Acción de Gracias? _____

_____

4. ¿Cómo celebras tu cumpleaños? ¿Te gusta recibir regalos? _____

pronunciación   **Lección 9**

The letters **h**, **j**, and **g**

The Spanish **h** is always silent.

     helado   **h**ombre   **h**ola   **h**ermosa

The letter **j** is pronounced much like the English *h* in *his*.

     José   **j**ubilarse   de**j**ar   pare**j**a

The letter **g** can be pronounced three different ways. Before **e** or **i**, the letter **g** is pronounced much like the English *h*.

     a**g**encia   **g**eneral   **G**il   **G**isela

At the beginning of a phrase or after the letter **n**, the Spanish **g** is pronounced like the English *g* in *girl*.

     Gustavo, **g**racias por llamar el domin**g**o.

In any other position, the Spanish **g** has a somewhat softer sound.

     Me **g**radué en a**g**osto.

In the combinations **gue** and **gui**, the **g** has a hard sound and the **u** is silent. In the combination **gua**, the **g** has a hard sound and the **u** is pronounced like the English *w*.

     guerra   conse**gui**r   **gua**ntes   a**gua**

---

1   **Práctica** Repeat each word after the speaker to practice pronouncing **h**, **j**, and **g**.

1. hamburguesa	4. guapa	7. espejo	10. gracias	13. Jorge
2. jugar	5. geografía	8. hago	11. hijo	14. tengo
3. oreja	6. magnífico	9. seguir	12. galleta	15. ahora

---

2   **Oraciones** When you hear the number, read the corresponding sentence aloud. Then listen to the speaker and repeat the sentence.

1. Hola. Me llamo Gustavo Hinojosa Lugones y vivo en Santiago de Chile.

2. Tengo una familia grande; somos tres hermanos y tres hermanas.

3. Voy a graduarme en mayo.

4. Para celebrar mi graduación, mis padres van a regalarme un viaje a Egipto.

5. ¡Qué generosos son!

---

3   **Refranes** Repeat each saying after the speaker to practice pronouncing **h**, **j**, and **g**.

  1. A la larga, lo más dulce amarga.   2. El hábito no hace al monje.

---

4   **Dictado** Victoria is talking to her friend Mirta on the phone. Listen carefully and during the pauses write what she says. The entire passage will then be repeated so that you can check your work.

_____

_____

_____

_____

Lección 9

Audio Activities

            Lección 9 Audio Activities   **133**

estructura

9.1 Irregular preterites

1 **¿Hay o hubo?** Complete these sentences with the correct tense of **haber**.

1. Ahora _____ una fiesta de graduación en el patio de la escuela.

2. _____ muchos invitados en la fiesta de aniversario anoche.

3. Ya _____ una muerte en su familia el año pasado.

4. Siempre _____ galletas y dulces en las fiestas de cumpleaños.

5. _____ varios entremeses en la cena de ayer.

6. Por las mañanas _____ unos postres deliciosos en esa tienda.

2 **¿Cómo fue?** Complete these sentences with the preterite of the verb in parentheses.

1. Cristina y Lara _____ (estar) en la fiesta anoche.

2. (yo) _____ (tener) un problema con mi pasaporte y lo pasé mal en la aduana.

3. Rafaela _____ (venir) temprano a la fiesta y conoció a Humberto.

4. El padre de la novia _____ (hacer) un brindis por los novios.

5. Román _____ (poner) las maletas en el auto antes de salir.

3 **¿Qué hicieron?** Complete these sentences, using the preterite of **decir**, **conducir**, **traducir**, and **traer**.

1. Felipe y Silvia _____ que no les gusta ir a la playa.

2. Claudia le _____ unos papeles al inglés a su hermano.

3. David _____ su motocicleta nueva durante el fin de semana.

4. Rosario y Pepe me _____ un pastel de chocolate de regalo.

5. Cristina y yo les _____ a nuestras amigas que vamos a bailar.

4 **Es mejor dar...** Rewrite these sentences in the preterite tense.

1. Antonio le da un beso a su madre.

_____

2. Los invitados le dan las gracias a la familia.

_____

3. Tú les traes una sorpresa a tus padres.

_____

4. Rosa y yo le damos un regalo al profesor.

_____

5. Carla nos trae mucha comida para el viaje.

_____

5 **Combinar** Create logical sentences in the preterite using one element from each column. Notice that, using each word once, there is only one correct match between second and third columns.

Rita y Sara	decir	una cámara
ellos	estar	a este lugar
tú	hacer	un examen
mi tía	poner	galletas
ustedes	producir	una película
Rosa	tener	en Perú
nosotras	traer	la televisión
yo	venir	la verdad

1. _____

2. _____

3. _____

4. _____

5. _____

6. _____

7. _____

8. _____

6 **Ya lo hizo** Your friend Miguel is very forgetful. Answer his questions negatively, indicating that the action has already occurred. Use the phrases or words in parentheses.

> **modelo**
> ¿Quiere Pepe cenar en el restaurante japonés? (restaurante chino)
> *No, Pepe ya cenó en el restaurante chino.*

1. ¿Vas a estar en la biblioteca hoy? (ayer)

_____

2. ¿Quieren dar una fiesta Elena y Sergio este fin de semana? (el sábado pasado)

_____

3. ¿Debe la profesora traducir esa novela este semestre? (el año pasado)

_____

4. ¿Va a haber pastel de limón en la cena de hoy? (anoche)

_____

5. ¿Deseas poner los abrigos en la silla? (sobre la cama)

_____

6. ¿Van ustedes a tener un hijo? (tres hijos)

_____

estructura

9.1 Irregular preterites

1 **Escoger** Listen to each question and choose the most logical response.

1. a. No, no conduje hoy.   b. No, no condujo hoy.
2. a. Te dije que tengo una cita con   b. Me dijo que tiene una cita con
      Gabriela esta noche.   Gabriela esta noche.
3. a. Estuvimos en la casa de Marta.   b. Estuvieron en la casa de Marta.
4. a. Porque tuvo que estudiar.   b. Porque tiene que estudiar.
5. a. Lo supiste la semana pasada.   b. Lo supimos la semana pasada.
6. a. Los pusimos en la mesa.   b. Los pusiste en la mesa.
7. a. No, sólo tradujimos un poco.   b. No, sólo traduje un poco.
8. a. Sí, le di $20.   b. Sí, le dio $20.

2 **Cambiar** Change each sentence from the present to the preterite. Repeat the correct answer after the speaker. (*8 items*)

> *modelo*
> Él pone el flan sobre la mesa.
> Él *puso el flan sobre la mesa.*

3 **Preguntas** Answer each question you hear using the cue. Substitute object pronouns for the direct object when possible. Repeat the correct answer after the speaker.

> *modelo*
> *You hear:* ¿Quién condujo el auto?
> *You see:* yo
> *You say:* Yo lo conduje.

1. Gerardo   3. nosotros   5. ¡Felicitaciones!
2. Mateo y Yolanda   4. muy buena   6. mi papá

4 **Completar** Listen to the dialogue and write the missing words.

(1) _____ por un amigo que los Márquez (2) _____ a visitar a

su hija. Me (3) _____ que (4) _____ desde Antofagasta y que

se (5) _____ en el Hotel Carrera. Les (6) _____ una llamada

(*call*) anoche, pero no (7) _____ el teléfono. Sólo (8) _____

dejarles un mensaje. Hoy ellos me (9) _____ y me (10) _____

si mi esposa y yo teníamos tiempo para almorzar con ellos. Claro que les (11) _____

que sí.

estructura 9.1

Comunicación

4

Encuesta (student text p. 313) Para cada una de las actividades de la lista, encuentra a alguien que hizo esa actividad en el tiempo indicado.

> **modelo**
>
> traer dulces a clase
> **Estudiante 1:** ¿Trajiste dulces a clase?
> **Estudiante 2:** Sí, traje galletas y helado a la fiesta del fin del semestre.

Actividades	Nombres	Nombres
1. ponerse un disfraz (*costume*) de Halloween		
2. traer dulces a clase		
3. llegar a la escuela en auto		
4. estar en la biblioteca ayer		
5. dar un regalo a alguien ayer		
6. poder levantarse temprano esta mañana		
7. hacer un viaje a un país hispano en el verano		
8. ver una película anoche		
9. ir a una fiesta el fin de semana pasado		
10. tener que estudiar el sábado pasado		

Lección 9

Communication Activities

9.2 Verbs that change meaning in the preterite

1   Completar Complete these sentences with the preterite tense of the verbs in parentheses.

1. Liliana no _____ (poder) llegar a la fiesta de cumpleaños de Esteban.

2. Las chicas _____ (conocer) a muchos estudiantes en la biblioteca.

3. Raúl y Marta no _____ (querer) invitar al padre de Raúl a la boda.

4. Lina _____ (saber) ayer que sus tíos se van a divorciar.

5. (nosotros) _____ (poder) regalarle una bicicleta a Marina.

6. María _____ (querer) romper con su novio antes del verano.

2   Traducir Use these verbs to translate the sentences into Spanish.

conocer   querer
poder   saber

1. I failed to finish the book on Wednesday.

_____

2. Inés found out last week that Vicente is divorced.

_____

3. Her girlfriends tried to call her, but they failed to.

_____

4. Susana met Alberto's parents last night.

_____

5. The waiters managed to serve dinner at eight.

_____

6. Your mother refused to go to your brother's house.

_____

3   Raquel y Ronaldo Complete the paragraph with the preterite of the verbs in the word bank.

conocer   querer
poder   saber

El año pasado Raquel (1) _____ al muchacho que ahora es su esposo, Ronaldo. Primero, Raquel no (2) _____ salir con él porque él vivía (*was living*) en una ciudad muy lejos de ella. Ronaldo (3) _____ convencerla durante muchos meses, pero no (4) _____ hacerlo. Finalmente, Raquel decidió darle una oportunidad a Ronaldo. Cuando empezaron a salir, Raquel y Ronaldo (5) _____ inmediatamente que eran el uno para el otro (*they were made for each other*). Raquel y Ronaldo (6) _____ comprar una casa en la misma ciudad y se casaron ese verano.

9.2 Verbs that change meaning in the preterite

1   Identificar Listen to each sentence and mark an **X** in the column for the subject of the verb.

> **modelo**
>
> *You hear:* ¿Cuándo lo supiste?
> *You mark:* an **X** under **tú**.

	yo	tú	él/ella	nosotros/as	ellos/ellas
Modelo	___	**X**	___	___	___
1.	___	___	___	___	___
2.	___	___	___	___	___
3.	___	___	___	___	___
4.	___	___	___	___	___
5.	___	___	___	___	___
6.	___	___	___	___	___
7.	___	___	___	___	___
8.	___	___	___	___	___

2   Preguntas Answer each question you hear using the cue. Substitute object pronouns for the direct object when possible. Repeat the correct response after the speaker.

> **modelo**
>
> *You hear:* ¿Conocieron ellos a Sandra?
> *You see:* sí
> *You say:* Sí, la conocieron.

1. sí   2. en la casa de Ángela   3. el viernes   4. no   5. no   6. anoche

3   ¡Qué lástima! (*What a shame!*) Listen as José talks about some news he recently received. Then read the statements and decide whether they are **cierto** or **falso**.

		Cierto	Falso
1. Supieron de la muerte ayer.		○	○
2. Se sonrieron cuando oyeron las noticias (*news*).		○	○
3. Carolina no se pudo comunicar con la familia.		○	○
4. Francisco era (*was*) joven.		○	○
5. Mañana piensan llamar a la familia de Francisco.		○	○

4   Relaciones amorosas Listen as Susana describes what happened between her and Pedro. Then answer the questions.

1. ¿Por qué no pudo salir Susana con Pedro? _____

2. ¿Qué supo por su amiga? _____

3. ¿Cómo se puso Susana cuando Pedro llamó? _____

4. ¿Qué le dijo Susana a Pedro? _____

Lección 9

Audio Activities

9.3 ¿Qué? and ¿cuál?

1 **¿Qué o cuál?** Complete these sentences with **qué**, **cuál**, or **cuáles**.

1. ¿_____ estás haciendo ahora?

2. ¿_____ gafas te gustan más?

3. ¿_____ prefieres, el vestido largo o el corto?

4. ¿Sabes _____ de éstos es mi disco favorito?

5. ¿_____ es un departamento de hacienda?

6. ¿_____ trajiste, las de chocolate o las de limón?

7. ¿_____ auto compraste este año?

8. ¿_____ es la tienda más elegante del centro?

2 **¿Cuál es la pregunta?** Write questions that correspond to these responses. Use each word or phrase from the word bank only once.

¿a qué hora?	¿cuál?	¿cuándo?	¿de dónde?	¿qué?
¿adónde?	¿cuáles?	¿cuántos?	¿dónde?	¿quién?

1. _____

La camisa que más me gusta es ésa.

2. _____

Hoy quiero descansar durante el día.

3. _____

Mi profesora de matemáticas es la señora Aponte.

4. _____

Soy de Buenos Aires, Argentina.

5. _____

Mis gafas favoritas son las azules.

6. _____

El pastel de cumpleaños está en el refrigerador.

7. _____

La fiesta sorpresa empieza a las ocho en punto de la noche.

8. _____

El restaurante cierra los lunes.

9. _____

Hay ciento cincuenta invitados en la lista.

10. _____

Vamos a la fiesta de cumpleaños de Inés.

9.3 ¿Qué? and ¿cuál?

1 **¿Lógico o ilógico?** You will hear some questions and the responses. Decide if they are **lógico** or **ilógico**.

1. Lógico	Ilógico	5. Lógico	Ilógico
2. Lógico	Ilógico	6. Lógico	Ilógico
3. Lógico	Ilógico	7. Lógico	Ilógico
4. Lógico	Ilógico	8. Lógico	Ilógico

2 **Preguntas** You will hear a series of responses to questions. Using **¿qué?** or **¿cuál?**, form the question that prompted each response. Repeat the correct answer after the speaker. (8 *items*)

> **modelo**
> Santiago de Chile es la capital de Chile.
> ¿Cuál es la capital de Chile?

3 **De compras** Look at Marcela's shopping list for Christmas and answer each question you hear. Repeat the correct response after the speaker. (6 *items*)

Raúl	2 camisas, talla 17
Cristina	blusa, color azul
Pepe	bluejeans y tres pares de calcetines blancos
Abuelo	cinturón
Abuela	suéter blanco

4 **Escoger** Listen to this radio commercial and choose the most logical response to each question.

1. ¿Qué hace Fiestas Mar?

   a. Organiza fiestas.   b. Es una tienda que vende cosas para fiestas.   c. Es un club en el mar.

2. ¿Para qué tipo de fiesta no usaría Fiestas Mar?

   a. Para una boda.   b. Para una fiesta de sorpresa.   c. Para una cena con los suegros.

3. ¿Cuál de estos servicios no ofrece Fiestas Mar?

   a. Poner las decoraciones.   b. Proveer (*Provide*) el lugar.   c. Proveer los regalos.

4. ¿Qué tiene que hacer el cliente si usa los servicios de Fiestas Mar?

   a. Tiene que preocuparse por la lista de invitados.   b. Tiene que preocuparse por la música.

   c. Tiene que preparar la comida.

5. Si uno quiere contactar Fiestas Mar, ¿qué debe hacer?

   a. Debe escribirles un mensaje electrónico.   b. Debe llamarlos.   c. Debe ir a Casa Mar.

Lección 9

Audio Activities

estructura 9.3

Estudiante 1

3 **Quinceañera** (student text p. 317) Trabaja con un(a) compañero/a. Tu compañero/a es el/la director(a) del salón de fiestas "Renacimiento". Tú eres el padre/la madre de Sandra, y quieres hacer la fiesta de quince años de tu hija gastando menos de $25 por invitado/a. Aquí tienes la mitad (*half*) de la información necesaria para confirmar la reservación; tu compañero/a tiene la otra mitad.

modelo

Estudiante 1: ¿Cuánto cuestan los entremeses?
Estudiante 2: Depende. Puede escoger champiñones por 50 centavos o camarones por dos dólares.
Estudiante 1: ¡Uf! A mi hija le gustan los camarones, pero son muy caros.
Estudiante 2: Bueno, también puede escoger quesos por un dólar por invitado.

Número de invitados: 200

Comidas: queremos una variedad de comida para los vegetarianos y los no vegetarianos

Presupuesto (budget): máximo $25 por invitado

Otras preferencias: ¿posible traer mariachis?

	Opción 1	Opción 2
Entremeses		
Primer plato (*opcional*)		
Segundo plato (*opcional*)		
Carnes y pescados		
Verduras		
Postres		
Bebidas		
Total $		

estructura 9.3

Estudiante 2

3 **Quinceañera** (student text p. 317) Trabaja con un(a) compañero/a. Tú eres el/la director(a) del salón de fiestas "Renacimiento". Tu compañero/a es el padre/la madre de Sandra, quien quiere hacer la fiesta de quince años de su hija gastando menos de $25 por invitado/a. Aquí tienes la mitad (*half*) de la información necesaria para confirmar la reservación; tu compañero/a tiene la otra mitad.

> **modelo**
>
> **Estudiante 1:** ¿Cuánto cuestan los entremeses?
> **Estudiante 2:** Depende. Puede escoger champiñones por 50 centavos o camarones por dos dólares.
> **Estudiante 1:** ¡Uf! A mi hija le gustan los camarones, pero son muy caros.
> **Estudiante 2:** Bueno, también puede escoger quesos por un dólar por invitado.

Salón de fiestas "Renacimiento"

Número de invitados: _____

Otras preferencias: _____

Presupuesto: $ _____ por invitado

Menú

Entremeses	Champiñones: $0,50 por invitado	Camarones: $2 por invitado	Quesos: $1 por invitado	Verduras frescas: $0,50 por invitado
Primer plato	Sopa de cebolla: $1 por invitado	Sopa del día: $1 por invitado	Sopa de verduras: $1 por invitado	
Segundo plato	Ensalada mixta: $2 por invitado	Ensalada César: $3 por invitado		
Carnes y pescados	Bistec: $10 por invitado	Langosta: $15 por invitado	Pollo asado: $7 por invitado	Salmón: $12 por invitado
Verduras	Maíz, arvejas: $1 por invitado	Papa asada, papas fritas: $1 por invitado	Arroz: $0,50 por invitado	Zanahorias, espárragos: $1,50 por invitado
Postres	Pastel: $2 por invitado	Flan: $1 por invitado	Helado: $0,50 por invitado	Frutas frescas, pasteles y galletas: $2 por invitado
Bebidas	Champán: $3 por invitado	Vinos, cerveza: $4 por invitado	Café, té: $0,50 por invitado	Refrescos: $1 por invitado

Precio total $ _____

9.4 Pronouns after prepositions

Lección 9

1 **Antes de la fiesta** Choose and write the correct pronouns to complete the paragraph.

Hoy voy al mercado al aire libre cerca de mi casa con mi tía Carmen. Me gusta ir con

(1) _____ (usted, ella) porque sabe escoger las mejores frutas y verduras del mercado.

Y a ella le gusta ir (2) _____ (contigo, conmigo) porque sé regatear mejor que nadie.

—Entre (3) _____ (tú, ellas) y yo, debes saber que a (4) _____ (ella, mí) no me

gusta gastar mucho dinero. Me gusta venir (5) _____ (con usted, contigo) porque me ayudas a

ahorrar (*save*) dinero —me confesó un día en el mercado. Hoy la vienen a visitar sus hijos porque es su

cumpleaños, y ella quiere hacer una ensalada de frutas para (6) _____ (ellos, nosotros).

—Estas peras son para (7) _____ (mí, ti), por venir conmigo al mercado. También me

llevo unos hermosos melocotones para el novio de Verónica, que viene con (8) _____

(ella, nosotras). Siempre compro frutas para (9) _____ (mí, él) porque le encantan y no

consigue muchas frutas en el lugar donde vive —dice mi tía.

—¿Voy a conocer al novio de Verónica?

—Sí, ¡queremos invitarte a (10) _____ (ti, él) a la fiesta de cumpleaños!

2 **El pastel de Carlota** Some friends are having Carlota's birthday cake. Complete the conversation
with the correct pronouns.

SR. MARTÍNEZ Chicos, voy a buscar a mi esposa, en un momento estoy con

(1) _____.

TOMÁS Sí, señor Martínez, no se preocupe por (2) _____.

YOLANDA ¡Qué rico está el pastel! A (3) _____ me encantan los pasteles.

Tomás, ¿quieres compartir un pedazo (*slice*) (4) _____?

TOMÁS ¡Claro! Para (5) _____, el chocolate es lo más delicioso.

CARLOTA Pero no se lo terminen... Víctor, quiero compartir el último (*last*) pedazo

(6) _____.

VÍCTOR Mmmh, está bien; sólo por (7) _____ hago este sacrificio.

CARLOTA Toma, Víctor, este pedazo es especial para (8) _____.

TOMÁS ¡Oh, no! Mira, Yolanda, ¡hay más miel (*honey*) en (9) _____

que en cien pasteles!

Síntesis

Research the life of a famous person who has had a stormy personal life, such as Elizabeth Taylor or Henry VIII. Write a brief biography of the person, including the following information:

- When was the person born?
- What was that person's childhood like?
- With whom did the person fall in love?
- Whom did the person marry?
- Did he or she have children?
- Did the person get divorced?
- Did the person go to school, and did he or she graduate?
- How did his or her career or lifestyle vary as the person went through different stages in life?

Use lesson vocabulary, irregular preterites, and verbs that change meaning in the preterite in your biography.

9.4 Pronouns after prepositions

1 **Cambiar** Listen to each statement and say that the feeling is not mutual. Use a pronoun after the preposition in your response. Then repeat the correct answer after the speaker. (*6 items*)

> **modelo**
> Carlos quiere desayunar con nosotros.
> *Pero nosotros no queremos desayunar con él.*

2 **Preguntas** Answer each question you hear using the appropriate pronoun after the preposition and the cue. Repeat the correct response after the speaker.

> **modelo**
> *You hear:* ¿Almuerzas con Alberto hoy?
> *You see:* No
> *You say:* No, no almuerzo con él hoy.

1. Sí
2. Luis
3. Sí
4. Sí
5. No
6. Francisco

3 **Preparativos (*Preparations*)** Listen to this conversation between David and Andrés. Then answer the questions.

1. ¿Qué necesitan comprar para la fiesta?

_____

2. ¿Con quién quiere Alfredo ir a la fiesta?

_____

3. ¿Por qué ella no quiere ir con él?

_____

4. ¿Con quién va Sara a la fiesta?

_____

5. ¿Para quién quieren comprar algo especial?

_____

vocabulario

You will now hear the vocabulary found in your textbook on the last page of this lesson. Listen and repeat each Spanish word or phrase after the speaker.

Lección 9 · Audio Activities

estructura 9.4

Estudiante 1

2 **Compartir** (student text p. 319) En parejas, hagan preguntas para saber dónde está cada una de las personas en el dibujo. Ustedes tienen dos versiones diferentes de la ilustración. Al final deben saber dónde está cada persona.

> **modelo**
>
> **Estudiante 1:** ¿Quién está al lado de Óscar?
> **Estudiante 2:** Alfredo está al lado de él.

Alfredo	Dolores	Graciela	Raúl
Sra. Blanco	Enrique	Leonor	Rubén
Carlos	Sra. Gómez	Óscar	Yolanda

Vocabulario útil

a la derecha de	delante de
a la izquierda de	detrás de
al lado de	en medio de

Lección 9 Communication Activities   **147**

Lección 9

Communication Activities

estructura 9.4

Estudiante 2

2 **Compartir** (student text p. 319) En parejas, hagan preguntas para saber dónde está cada una de las personas en el dibujo. Ustedes tienen dos versiones diferentes de la ilustración. Al final deben saber dónde está cada persona.

modelo

Estudiante 1: ¿Quién está al lado de Óscar?
Estudiante 2: Alfredo está al lado de él.

Alfredo	Dolores	Graciela	Raúl
Sra. Blanco	Enrique	Leonor	Rubén
Carlos	Sra. Gómez	Óscar	Yolanda

Vocabulario útil

a la derecha de	delante de
a la izquierda de	detrás de
al lado de	en medio de

escritura

Estrategia

Planning and writing a comparative analysis

Writing any kind of comparative analysis requires careful planning. Venn diagrams are useful for organizing your ideas visually before comparing and contrasting people, places, objects, events, or issues. To create a Venn diagram, draw two circles that overlap one another and label the top of each circle. List the differences between the two elements in the outer rings of the two circles, then list their similarities where the two circles overlap. Review this example.

Diferencias y similitudes

El aniversario de los Sres. González

La ceremonia de graduación de Ernestina

Similitudes:
1. La familia invita a muchos familiares y amigos para celebrar.
2. Hay una comida especial para los invitados.

Diferencias:
1. No hay una ceremonia formal.
2. La celebración tiene lugar por la noche.

Diferencias:
1. Hay una ceremonia formal.
2. La ceremonia se celebra durante el día.

La lista de palabras y expresiones a la derecha puede ayudarte a escribir este tipo de ensayo (*essay*).

Tema

Escribir una composición

Antes de escribir

1. Vas a comparar dos celebraciones familiares a las que tú asististe recientemente. Puedes escoger entre una fiesta de cumpleaños, aniversario o graduación, una boda, una fiesta de quince años u otro tipo de celebración familiar.

2. Completa un diagrama Venn con las diferencias y similitudes de las dos celebraciones. Trata de incluir por lo menos tres ideas para cada sección del diagrama.

Diferencias y similitudes

Celebración: Celebración:

Similitudes:

Diferencias: Diferencias:

Lección 9

Writing Activities

Escribir

1. Usa el diagrama Venn que completaste para ayudarte a escribir una composición en la que comparas las dos celebraciones.

2. Tu composición debe incluir cuatro párrafos cortos:

   ► un párrafo que sirva de introducción y que identifique las dos celebraciones
   ► uno que describa las diferencias entre las dos celebraciones
   ► uno que describa las similitudes entre las dos celebraciones
   ► uno que sirva de conclusión y que incluya tus opiniones sobre las dos celebraciones

3. Usa palabras y expresiones de esta lista para expresar las diferencias y las similitudes.

Para expresar diferencias	
a diferencia de	*unlike*
a pesar de	*in spite of*
aunque	*although*
en cambio	*on the other hand*
más/menos que	*more/less... than*
no obstante	*nevertheless; however*
por otro lado	*on the other hand*
por el contrario	*on the contrary*
sin embargo	*nevertheless; however*

Para expresar similitudes	
además; también	*in addition; also*
al igual que	*the same as*
como	*as; like*
de la misma manera	*in the same manner (way)*
del mismo modo	*in the same manner (way)*
tan + [*adjetivo*] + como	*as + [adjective] + as*
tanto/a(s) + [*sustantivo*] + como	*as many/much + [noun] as*

Después de escribir

1. Intercambia tu borrador con un(a) compañero/a de clase. Coméntalo y contesta estas preguntas.

   ► ¿Escribió tu compañero/a una introducción que identifica las dos celebraciones?
   ► ¿Escribió tu compañero/a un párrafo sobre las diferencias entre las dos celebraciones?
   ► ¿Escribió tu compañero/a un párrafo sobre las similitudes entre las dos celebraciones?
   ► ¿Escribió tu compañero/a una conclusión que incluye sus opiniones sobre las dos celebraciones?
   ► ¿Usó tu compañero/a palabras de la lista para expresar diferencias y similitudes?
   ► ¿Usó tu compañero/a comparativos y superlativos para comparar las dos celebraciones?
   ► ¿Qué detalles añadirías (*would you add*)? ¿Qué detalles quitarías (*would you delete*)? ¿Qué otros comentarios tienes para tu compañero/a?

2. Revisa tu narración según los comentarios de tu compañero/a. Después de escribir la versión final, léela otra vez para eliminar errores de:

   ► ortografía y puntuación
   ► uso de letras mayúsculas y minúsculas
   ► concordancia entre sustantivos y adjetivos
   ► uso de verbos en el presente de indicativo
   ► uso de verbos en el pretérito
   ► uso de comparativos y superlativos

Las fiestas

Antes de ver el video

1 **Más vocabulario** Look over these useful words before you watch the video.

Vocabulario útil		
alegrar *to make happy*	**el cartel** *poster*	**la parranda** *party*
las artesanías *crafts*	**la clausura** *closing ceremony*	**la pintura** *painting*
el/la artesano/a *craftsperson; artisan*	**destacarse** *to stand out*	**el santo de palo** *wooden saint*
los cabezudos *carnival figures with large heads*	**el Día de Reyes** *Three Kings' Day*	**tocar el tambor** *playing drums*
la canción de Navidad *Christmas carol*	**las frituras** *fried foods; fritters*	**los Tres Santos Reyes/Reyes Magos** *Three Kings*
	la madera *wood*	
	la misa *mass*	

2 **Completar** Complete this paragraph about **la Navidad** in Puerto Rico.

En Puerto Rico, las Navidades no terminan después del (1)_____, como en el resto de los países hispanos, sino después de las Fiestas de la Calle San Sebastián. Hay muchas expresiones artísticas de (2)_____ locales; entre ellas se destacan los (3)_____, que son pequeñas estatuas (*statues*) de madera de vírgenes y santos. La (4)_____ empieza por la noche cuando las personas salen a disfrutar del baile y la música con amigos y familiares.

3 **¡En español!** Look at the video still. What do you think this episode will be about? Imagine what Diego will say and write a two- or three-sentence introduction to this episode.

Diego Palacios, Puerto Rico

¡Bienvenidos! Soy Diego Palacios, de Puerto Rico. Hoy les quiero

mostrar... _____

_____

_____

_____

Mientras ves el video

4 **Ordenar** Ordena cronológicamente lo que Diego hizo (*did*).

_____ a. Les preguntó a personas qué disfrutaban más de las fiestas.

_____ b. Bailó con los cabezudos en la calle.

_____ c. Habló con artesanos sobre los santos de palo.

_____ d. Tomó un helado de coco.

_____ e. Comió unas frituras.

Lección 9

Video Activities: *Flash cultura*

Lección 9

5 **Emparejar** Match the captions to the appropriate elements.

1. ___   2. ___

3. ___   4. ___

a. el güiro   b. los cabezudos   c. los santos de palo   d. el pandero   e. los carteles

Después de ver el video

6 **¿Cierto o falso?** Indicate whether each statement is **cierto** or **falso**.

1. Las Navidades en Puerto Rico terminan con del Día de Reyes. _____

2. Los artistas hacen cuadros y carteles sobre la Navidad. _____

3. En Puerto Rico, todas las celebraciones navideñas son religiosas. _____

4. Los santos de palo representan a personajes puertorriqueños. _____

5. Según un artesano, la pieza de artesanía más popular es la de los Tres Santos Reyes.
_____

6. El güiro y el pandero son algunos de los instrumentos típicos de la música de estas fiestas.
_____

7 **¡De parranda!** Imagine that you are an exchange student in Puerto Rico and that you are attending this celebration. You are dancing on the street when suddenly Diego spots you and decides to interview you. Tell him how you feel and what cultural aspects catch your attention. Make sure to include these words.

| artistas | bailar | cabezudos | de parranda | en la calle | tocar el tambor |

_____
_____
_____
_____
_____

panorama

Lección 9

Chile

1 **Datos chilenos** Complete the chart with the correct information about Chile.

Ciudades principales	Deportes de invierno	Países fronterizos (bordering)	Escritores

2 **¿Cierto o falso?** Indicate whether the sentences are **cierto** or **falso.** Correct the false sentences.

1. Una quinta parte de los chilenos vive en Santiago de Chile.

_____

2. En Chile se hablan el idioma español y el mapuche.

_____

3. La mayoría (*most*) de las playas de Chile están en la costa del océano Atlántico.

_____

4. El desierto de Atacama es el más seco del mundo.

_____

5. La isla de Pascua es famosa por sus observatorios astronómicos.

_____

6. El Parque Nacional Villarrica está situado al pie de un volcán y junto a un lago.

_____

7. Se practican deportes de invierno en los Andes chilenos.

_____

8. La exportación de vinos chilenos se redujo (*decreased*) en los últimos años.

_____

3 **Información de Chile** Complete the sentences with the correct words.

1. La moneda de Chile es el _____.

2. Bernardo O'Higgins fue un militar y _____ nacional de Chile.

3. Los exploradores _____ descubrieron la isla de Pascua.

4. Desde los _____ chilenos de los Andes, los científicos estudian las estrellas.

5. La producción de _____ es una parte importante de la actividad agrícola de Chile.

6. El país al este de Chile es _____.

Lección 9 Panorama Activities **153**

4 **Fotos de Chile** Label the photos.

1. _____   2. _____

5 **El pasado de Chile** Complete the sentences with the preterite of the correct verbs from the word bank.

comenzar	escribir
decidir	recibir

1. Pablo Neruda _____ muchos poemas románticos durante su vida.

2. La isla de Pascua _____ su nombre porque la descubrieron el Día de Pascua.

3. No se sabe por qué los *rapa nui* _____ abandonar la isla de Pascua.

4. La producción de vino en Chile _____ en el siglo XVI.

6 **Preguntas chilenas** Write questions that correspond to the answers below. Vary the interrogative words you use.

1. _____

Hay más de diecisiete millones de habitantes en Chile.

2. _____

Santiago de Chile es la capital chilena.

3. _____

Los idiomas que se hablan en Chile son el español y el mapuche.

4. _____

Los exploradores holandeses descubrieron la isla de Pascua.

5. _____

El centro de esquí Valle Nevado organiza excursiones de heliesquí.

6. _____

La producción de vino en Chile comenzó en el siglo XVI.

Lección 9

Panorama: Chile

Antes de ver el video

1   **Más vocabulario**   Look over these useful words and expressions before you watch the video.

<table>
<tr><td colspan="2" align="center">Vocabulario útil</td></tr>
<tr><td>disfrutar (de) to take advantage (of)</td><td>isla island</td></tr>
<tr><td>grados degrees</td><td>recursos naturales natural resources</td></tr>
<tr><td>hace miles de años thousands of years ago</td><td>repartidas spread throughout, distributed</td></tr>
<tr><td>indígena indigenous</td><td>vista view</td></tr>
</table>

2   **Escribir**   This video talks about Chile's Easter Island. In preparation for watching the video, answer the following questions.

1. ¿Has estado (*Have you been*) en una isla o conoces alguna? ¿Cómo se llama?

_____

2. ¿Dónde está? ¿Cómo es?

_____

Mientras ves el video

3   **Fotos**   Describe the video stills. Write at least three sentences in Spanish for each still.

_____
_____
_____
_____
_____

_____
_____
_____
_____
_____

Video Activities: *Panorama cultural*   Lección 9

   Lección 9 Panorama cultural Video Activities   **155**

Después de ver el video

4 **Completar** Complete the sentences with words from the word bank.

atracción	indígena
característico	llega
diferente	recursos
difícil	remoto
escalan	repartidas

1. *Rapa Nui* es el nombre de la isla de Pascua en la lengua _____ de la región.

2. Esta isla está en un lugar _____.

3. Los habitantes de esta isla no tenían muchos _____ naturales.

4. En un día de verano la temperatura _____ a los noventa grados.

5. Las esculturas *moái* son el elemento más _____ de esta isla.

6. Hay más de novecientas esculturas _____ por toda la isla.

7. Otra gran _____ de la isla es el gran cráter Rano Kau.

8. Los visitantes _____ el cráter para disfrutar de la espectacular vista.

5 **Preferencias** In Spanish, list at least two things you like about this video and explain your choices.

_____
_____
_____
_____
_____
_____
_____
_____
_____
_____
_____
_____

repaso   Lecciones 7–9

1 **¿Te importa?** Complete the sentences with the correct indirect object pronoun and the form of the verb in parentheses.

1. A nosotros _____ (gustar) ir de excursión y acampar.

2. A mí _____ (encantar) las novelas históricas.

3. A mi hermano _____ (molestar) la radio cuando está estudiando.

4. A ustedes no _____ (importar) esperar un rato para sentarse, ¿no?

5. Ese vestido largo _____ (quedar) muy bien (a ti) con las sandalias.

6. A ellos _____ (faltar) dos días para graduarse de la escuela.

2 **No quiero nada** Answer the questions negatively, using negative words.

1. ¿Debo ponerme algo elegante esta noche?

_____

2. ¿Te enojaste con alguien en el restaurante?

_____

3. ¿Se probó algún vestido Ana en la tienda?

_____

4. ¿Quiere Raúl quedarse en las fiestas siempre?

_____

3 **La fiesta** Complete the paragraph with the correct preterite forms of the verbs in parentheses.

Ignacio y yo (1) _____ (ir) a la fiesta de cumpleaños de un amigo el sábado.

(2) _____ (Ir) juntos en auto. Mi padre (3) _____ (conducir). La fiesta

(4) _____ (ser) en el salón de fiestas del Hotel Condado. En la fiesta (5) _____

(haber) un pastel enorme y muchísimos invitados. (Yo) (6) _____ (saber) en la fiesta que mi

amiga Dora (7) _____ (romper) con su novio. Ignacio y yo (8) _____ (querer)

hacerla sentir mejor, pero no (9) _____ (ser) fácil. Primero Ignacio (10) _____ (pedir)

una botella de jugo. Luego le (11) _____ (decir) a su amigo Marc: "Ven (*Come*) a sentarte

con nosotros". Ignacio le (12) _____ (servir) algo de jugo a Marc y todos (13) _____

(brindar). Nosotros les (14) _____ (dar) la oportunidad a Dora y a Marc de conocerse. Marc

es francés, y por mucho rato ellos no (15) _____ (poder) entenderse. Luego yo (16) _____

(traducir) sus palabras un rato. Dora (17) _____ (repetir) las palabras hasta decirlas bien. Dora

y Marc (18) _____ (estar) hablando toda la noche. Ignacio les (19) _____ (traer)

entremeses y él y yo nos (20) _____ (ir) a bailar. Marc le (21) _____ (pedir) el número

a Dora. Ella (22) _____ (ponerse) feliz.

Lecciones 7-9

4 **Te lo dije** Rewrite these sentences in the preterite. Use double object pronouns in the new sentences.

> **modelo**
> Carlos le traduce los documentos a su hermano. *Carlos se los tradujo.*

1. Rebeca quiere comprarle un regalo a Jorge. _____

2. Les hago una cena deliciosa. _____

3. Los López le dicen unos chistes (*jokes*). _____

4. Francisco no puede prestarnos el auto. _____

5. Les debes decir tu apellido a los dueños. _____

6. Te traigo unas cosas importantes. _____

5 **Los países** Compare the items listed, using information from the **Panorama** sections.

1. Guatemala / pequeño / Perú

_____

2. Líneas de Nazca / misteriosas / los *moái* de la isla de Pascua

_____

3. habitantes de Guatemala / hablar idiomas / habitantes de Chile

_____

4. Ciudad de Guatemala / grande / puerto de Iquitos

_____

5. peruanos / usar las llamas / chilenos

_____

6 **La boda** Imagine that you know the couple in the photo. Write some background about their wedding. How and when did the couple meet? When did they become engaged? Do they get along well? Do they really love each other? Next, talk about the food and drinks served at the wedding and whether you enjoyed the event.

Credits

Every effort has been made to trace the copyright holders of the works published herein. If proper copyright acknowledgment has not been made, please contact the publisher and we will correct the information in future printings.

Photography and Art Credits

All images © Vista Higher Learning unless otherwise noted.

Cuaderno de práctica y actividades comunicativas: 27: (tl) StockTrek/Photodisc/Getty Images; (tr) Janet Dracksdorf; (bl) Miguel A. Alvarez/Shutterstock; (br) José Blanco; **62:** Nicole Winchell; **122:** (l) Michael Fischer/Media Bakery; (r) Bill Bachmann/Danita Delimont Photography/Newscom; **154:** (l) Lauren Krolick; (r) Lars Rosen Gunnilstam; **158:** Cardinal/Corbis.